Wolfgang Ghantus

Ein Diener vieler Herren

Als Dolmetscher bei den Mächtigen der Welt

Wolfgang Ghantus

Ein Diener vieler Herren

Als Dolmetscher bei den Mächtigen der Welt

MILITZKE

Bildnachweis
S. 37: privat; S. 41: privat S. 45: unbekannt; S. 65: privat; S. 69: Liberty News Pictures; S. 71: privat; S. 72: privat; S. 75: Schulze; S. 76: Jochen Moll; S. 80: privat; S. 82: privat; S. 84: privat; S. 85: privat; S. 89: © White House Photographer; S. 92–93: privat; S. 94: privat; S. 100: privat; S. 103: Nigerian News Agency; S. 105: privat; S. 107: privat; S. 112: privat; S. 113: Agentur Addis Abeba; S. 114: Agentur Addis Abeba; S. 115: privat; S. 117: Franke; S. 122: privat; S. 131: Zentralbild; S. 145: privat; S. 156: Junge, Berlin 1971; S. 157: privat; S. 158: Hänel; S. 159: privat; S. 160–161: privat; S. 163: privat; S. 165: Neumann; S. 185: privat; S. 207: Harald A. Kirschner; U1: Schulze

MIX
Papier aus verantwortungsvollen Quellen
FSC® C014496
www.fsc.org

Bibliographische Information der Deutschen Nationalbibliothek: Die Deutsche Nationalbibliothek verzeichnet diese Publikation in der deutschen Nationalbibliographie; detaillierte bibliographische Angaben sind im Internet über http://dnb.ddb.de abrufbar.

Lektorat: Julia Lössl
Umschlaggestaltung: Ralf Thielicke, Leipzig
Umschlagfoto: Wolfgang Ghantus mit Kollegin, erstmals nehmen DDR-Dolmetscher an einer Konferenz der Vereinten Nationen teil, Foto: Schulze
Schrift: Linotype Palatino
Druck und Bindung: GGP Media GmbH, Pößneck

Printed in Germany
ISBN: 978-3-86189-846-7 (Buch)
ISBN: 978-3-86189-789-7 (E-Book)

Besuchen Sie uns im Internet unter: www.militzke.de

Inhalt

Vorwort

Viele Kollegen, Auftraggeber und Freunde haben mich darauf aufmerksam gemacht, dass ich zu den »dienstältesten« nach wie vor aktiven Dolmetschern gehöre. Ich kann das weder bestätigen noch dementieren, weiß nur, dass ich vor gut sechzig Jahren angefangen habe zu dolmetschen, seit mehr als fünfzig Jahren simultan in der Kabine. Seit Jahr und Tag werde ich immer wieder aufgefordert, meine Erlebnisse aufzuschreiben. Bisher habe ich aus mehreren Gründen gezögert. Zum ersten war ich nicht davon überzeugt, dass mein Berufsleben für einen größeren Leserkreis von Interesse sein könnte. Ich hatte nicht den Ehrgeiz, mich in die inzwischen übermäßig angewachsene Riege der Memoirenschreiber einzureihen. Nach wie vor bin ich aktiv im Tagesgeschäft und habe mir einfach nicht die Zeit genommen, meine berufliche Laufbahn zusammenfassend zu Papier zu bringen. Ich zögerte, den schmalen Grat zwischen dem Gebot der Vertraulichkeit und dem öffentlichen Interesse an mitunter brisanten Informationen zu beschreiten. Da die Lebensbeichte eines Dolmetschers ohne die Nennung prominenter Akteure nur allgemeines Geschwafel sein musste, waren auch die Persönlichkeitsrechte noch lebender Personen oder deren Erben zu respektieren. Die Arbeit eines Dolmetschers ist uninteressant, wenn nicht auch das gesellschaftliche Umfeld dieser Arbeit berücksichtigt wird. Viele Kollegen unserer Zunft erleben zwar hautnah so manche bedeutende Ereignisse. Aber haben wir die Qualifikation und das Recht, diese öffentlich zu analysieren? Ich war ehrlich bemüht, diese Aspekte zu berücksichtigen. Dabei war mir voll bewusst, dass mich ein nicht unerheblicher Teil meiner beruflichen Aufgaben in unmittelbaren Kontakt mit den Mächtigen dieser Welt brachte. Aber da waren auch viele andere. Diese sollten zwar nicht als mächtige, dennoch aber als große, außergewöhnliche Persönlichkeiten der Zeitgeschichte bezeichnet werden.

Nach meiner Kenntnis gibt es bisher in der Literatur nur drei Dolmetscherbücher. Es sind dies die Memoiren von Walentin Bereshkow, dem Dolmetscher Stalins (*Jahre im Diplomatischen Dienst*), Eugen Dollmann (*Dolmetscher der Diktatoren*) und Paul Schmidt (*Statist auf diplomatischer Bühne 1923–1945*). Sie beschreiben jeweils einen begrenzten Zeitraum bis zum Ende des Zweiten Weltkriegs. Ich habe nun versucht, etwas über die letzten sechs Jahrzehnte zu berichten – immer aus der Froschperspektive des dienenden Dolmetschers. Deshalb habe ich auch in Anlehnung an den Klassiker des italienischen Dramatikers Carlo Goldoni (1746) den Titel gewählt: *Ein Diener vieler Herren.*

Naiv ins Verderben

Nichts war und ist mir mehr zuwider als das sentimentale Säuseln ältlicher Tanten und Omas, die sich vor lauter Verzückung nicht halten können, wenn Nichten, Neffen und Enkel Papiertauben durchs Wohnzimmer fliegen lassen oder mit ihren kleinen Fäusten auf dem seit Jahren nicht gestimmten Klavier herum hämmern: »Ach, schaut doch nur, das Kleine wird bestimmt mal ein ganz und gar berühmter Pianist oder gar ein Pilot wie einst der berühmte Charles Lindbergh!« Auch ich wollte einmal »Flugzeugchauffeur« werden, nachdem ich als Sechsjähriger auf dem Tempelhofer Flugfeld die Loopings eines Ernst Udet bestaunen durfte. Das war im Vorkriegsberlin der dreißiger Jahre, für die meisten meiner naiven Landsleute eine scheinbar »heile Welt« – unterm Hakenkreuz. Auch für meine Mutter, eine liebenswerte, treu sorgende Hausfrau, und für meinen staatenlosen Vater, ein gebürtiger Libanese, also, wie man Jahrzehnte später sagen wird, mit »Migrationshintergrund«.

Wenige Wochen nach dem Tempelhofer Erlebnis stand ich mit einer großen Zuckertüte zur Einschulungsfeier in der Aula der 19. Volksschule in der Charlottenburger Bleibtreustraße. Mit dem neuen Lebensabschnitt änderte sich vieles. Ich lernte nicht nur das ABC und zunächst das kleine Einmaleins. Ich lauschte mit gespitzten Ohren, wenn sich mein Vater mit arabischen Freunden unterhielt. Von meinem ersten Taschengeld kaufte ich mir ein winziges Büchlein *Metoula-Sprachführer Arabisch*. Bald konnte ich mit väterlicher Hilfestellung das arabische Alphabet aufsagen und auf Arabisch bis einhundert zählen. Andere Freunde der Familie waren des Arabischen nicht mächtig und parlierten auf Englisch und Französisch. So hatte es mit den Fremdsprachen angefangen, und es hat mich nie wieder losgelassen.

Noch etwas sollte mich nachhaltig prägen. Mein Vater hatte am 9. November Geburtstag. Wir hatten Gäste. Ich durfte, im Jahre 1938 mittlerweile acht Jahre alt, an diesem Abend etwas länger aufbleiben. Gegen neun Uhr klingelte es Sturm. Ein Nachbar stand vor der Tür. Ich spitzte die Ohren und verstand nur einen Satz: »Die Synagoge brennt.« Meine Eltern und unsere Freunde waren keine Nazis, keine Rassisten, sondern unpolitisch bis zur unvorstellbaren Naivität. In unserem gutbürgerlichen Mietshaus wohnten auf mehreren Etagen jüdische Familien, allesamt sympathische Nachbarn. Wir liefen auf die Straße und wurden von einer Menschenmenge mitgezogen – nur ein paar Blocks weiter in die Fasanenstraße. Dort standen wir zusammen mit vielen anderen und starrten hinter der Polizeiabsperrung auf die brennende Synagoge. Von der Feuerwehr war keine Spur, wohl aber von SA-Leuten in ihren Braunhemden, die im Eilschritt aus dem Gotteshaus silberne Leuchter und schwere Gobelins herausschleppten, angeblich um sie zu retten. Es war ein makabrer Anblick. Die Menge blieb stumm.

Dann wagte meine Mutter, den Mund aufzumachen und zu flüstern: »Das kann keinen Segen bringen. Wenn das unser Führer wüsste, der würde dem Spuk aber sofort ein Ende machen.« Mit meinen acht Lebensjahren war mir unheimlich zumute, mehr aber auch nicht. Jahre sollten vergehen, bis wir endlich aufwachten und mit Scham und Entsetzen begriffen, welch verbrecherischem Tun wir so lange stillschweigend zugesehen hatten.

Damals war mir nicht bewusst, dass mit diesen Erlebnissen auch erste Grundlagen für mein späteres Leben als gesellschaftspolitisch engagierter Dolmetscher gelegt waren.

Meine Mutter stammte ursprünglich aus Bernburg in Sachsen-Anhalt. Dort hatten wir im Haus meiner Großeltern in einem Raum vorübergehend Unterschlupf gefunden, Schutz vor den inzwischen fast täglichen Bombenangriffen auf die Reichshauptstadt. Wir, das waren meine Mutter, mein kleiner Bruder und ich. Mein Vater, von Beruf Seemann und ehemaliger Weltkriegsteilnehmer in der Marine des Osmanischen Reiches, hatte für sich und damit die ganze Familie noch kurz vor Ausbruch des Zweiten Weltkrieges die deutsche Staatsbürgerschaft »verliehen« bekommen, als reinrassiger Araber, nach Görings Devise: »Wer Arier ist, bestimme ich.« Somit war er »wehrtauglich« und konnte als »Reichsdeutscher« eingezogen werden. Dass er sich in Südfrankreich der Zweiten Brigade des

Maquis anschloss und fortan auf der richtigen Seite kämpfte, war das Ergebnis furchtbarer Erlebnisse auf mehreren Kriegsschauplätzen, die ihm allmählich die Augen öffneten und ihn zwangsläufig zu politischem Handeln trieben. Unterschwellig dazu beigetragen hatte auch die Freundschaft meiner Eltern mit der Familie Bonhoeffer. Außerdem war er ein weltoffener Seemann. Als Kind in einem französischen Internat bei Beirut erzogen, war sein kultureller Hintergrund alles andere als preußisch. Eine seiner Hauptaufgaben in der Résistance war es, verfolgten französischen Juden über die Pyrenäen illegal über die Grenze in das neutrale Spanien zu verhelfen. Das Franco-Regime war nazifreundlich, jedoch mit Abstrichen. Juden wurden in Spanien nicht verfolgt. Meine Mutter hatte auf Umwegen vom Seitenwechsel meines Vaters erfahren. Sie hat jedoch geschwiegen wie ein Grab. Offiziell galt mein Vater als vermisst. Hätte unter den Bedingungen der Naziherrschaft und des »totalen Krieges« die Gestapo Wind bekommen, Sippenhaft für meine Mutter und Zwangserziehung für uns Kinder wären noch das Mindeste gewesen. Ich habe es erst nach Kriegsende erfahren. Doch das ist eine andere Geschichte. Mich tangierte das alles insofern, als die ganze Familie dadurch einen antifaschistischen Bonus erhielt, von dem ich – ohne eigenes Zutun – in meinem späteren Berufsleben profitieren sollte.

Mein Vater kehrte bald nach Kriegsende zu uns zurück, von den französischen Behörden hoch dekoriert für seinen Beitrag im Kampf gegen die Nazi-Okkupation. Wir blieben zunächst in Sachsen-Anhalt. Erstens gab es in der ländlichen Gegend mehr zu essen als in der Großstadt. Zweitens hatten wir, wie damals viele andere auch, die Illusion, dass im Osten ein neues, demokratisches Deutschland errichtet würde. Drittens glaubten wir an den vorübergehenden Charakter der

Besatzungszonen und daran, dass wir nach einer baldigen Wiedervereinigung ohnehin wieder in unser heimatliches Charlottenburg zurückkehren könnten. Die Geschichte nahm jedoch einen anderen Verlauf, und bald wurden wir Bürger der DDR.

Anfang in Ruinen

»L« oder »R«?

Meine Englischlehrer am Moltke-Gymnasium (heute Schillergymnasium) in der Charlottenburger Schillerstraße waren toll. Vor dem Krieg hatten sie jahrelang in England studiert und gearbeitet. Ich selbst war familiär fremdsprachlich »vorbelastet« und hatte keine Hemmungen zu sprechen, sondern eine geradezu leidenschaftliche Affinität zu fremden Sprachen. Der Krieg war aus. Die Grenzen waren zwar noch nicht offen, aber die uns eingebläuten Feindbilder hatten ihre Wirkung verloren.

November 1949 – das Institut für Publizistik an der Martin-Luther-Universität, Vorläufer der Leipziger Fakultät für Journalistik, war in einem verfallenen Altbau in der Großen Ullrichstraße in Halle an der damals noch sauberen Saale untergebracht. Mittlerweile war ich Student.

Das Seminar zu Fragen der Stilkunde hatte vor wenigen Minuten begonnen, als die Tür aufging. Hereinspaziert kam ein ältliches Fräulein aus der Uni-Verwaltung und hinter ihr ein leibhaftiger Chinese, ein nicht alltäglicher Besuch. Yuan Miao Tse sprach kein Wort Deutsch, dafür aber ein ebenso fließendes wie schwer verständliches Englisch. Und da es vielen Asiaten, wie uns erst später bewusst wurde, schwer fällt, ein »r« auszusprechen, wurde das englische Wort für Wahlen, »election«, mit dem mehrdeutigen »erection« verwechselt. Yuan, wie wir ihn fortan nannten, ein junger Magister der Geschichte, hatte in der Armee von Tschiang Kai-schek gedient, war dann von der US-Army übernommen worden und über die USA auf Umwegen in die soeben erst gegründete DDR gelangt, wo er eigentlich bleiben wollte. Er sympathisierte zwar mit Mao Tse-tung, noch mehr aber mit dem vermeintlich angenehmeren Leben außerhalb seiner Heimat. Eine schillernde Figur mit vielen Fragezeichen.

Nichtsdestotrotz hatte er nach gründlicher Überprüfung bei den »Freunden« im Ostberliner Karlshorst Gastrecht in der DDR erhalten. Nun wollte er kreuz und quer zwischen Elbe und Oder, Sassnitz und Sonneberg Vorträge über das neue China halten. Ich wurde tageweise als Dolmetscher freigestellt und wir zogen durch die Lande, weil Yuan Miao Tse ohne Dolmetscher bei aller Sympathie für das neue China vor dem zahlreich erschienenen Publikum gegen die Wand geredet hätte. Das Unternehmen wurde von der Gesellschaft zum Studium der Kultur der Sowjetunion (später Gesellschaft für Deutsch-Sowjetische Freundschaft) gesponsert. Eine Deutsch-Chinesische Gesellschaft gab es noch nicht. Ich erhielt als Student weiterhin Stipendium, verdiente zusätzlich mein erstes bescheidenes Honorar als Dolmetscher und, was noch wichtiger war, erhielt zumindest einen bescheidenen Vorgeschmack auf das, was einmal mein Beruf werden sollte. Wir sprachen fast überall vor einem begeisterten Publikum. Yuan hatte sich in jugendlichem Überschwang und in der Hoffnung auf ein neues China der sozialen Gerechtigkeit wie erwähnt dem Hoffnungsträger Mao-Tsetung angeschlossen. Dieses neue China war das Thema seiner Vorträge. Ich war aus unserer Seminargruppe ausgewählt worden, weil ich die Begrüßung des Besuchers und dessen Erwiderung offenbar zur Zufriedenheit des Seminarleiters gedolmetscht hatte und der Besuch des Chinesen von der Leitung der Universität ausdrücklich unterstützt wurde. In jenen Tagen, da ein paar Meter vom Institut entfernt im gerade neu eröffneten weiß gekachelten ersten HO-Geschäft eine Bockwurst für sechs Mark ohne Fleischmarken über den Ladentisch ging, waren internationale Kontakte etwas ganz besonderes.

⅄ ⅄ ⅄

Der Vormittag an jenem Maientag im Jahr 1950 hatte mit Wonnemonat nicht das Geringste zu tun. Vom wolkenverhangenen Himmel nieselte es nasskalt auf die Ruinen der Wilhelmstraße des ehemaligen Regierungsviertels in Berlin-Mitte. Zusammen mit einem Dutzend aktiver FDJler war mir in einer halbwegs winterfest gemachten Ruine ein provisorisches Quartier zugewiesen worden. Jahre später sollte hier das DDR-Volksbildungsministerium einziehen.

Paradoxerweise waren beim Untergang des tausendjährigen Reiches bei den mörderischen Straßenkämpfen vor dem »Führerbunker« die Ruine der Reichskanzlei, schräg gegenüber das Goebbelsche Propagandaministerium auf dem Wilhelmplatz (später Ernst-Thälmann-Platz), Goerings Luftfahrtministerium Ecke Leipziger Straße, Ribbentrops Außenministerium (in der früheren Kanzlei Bismarcks) und auch das berühmte *Hotel Adlo*n am Brandenburger Tor mit nur wenigen Kratzern davon gekommen. Das Tor selbst ragte als rauchgeschwärzte Ruine vor dem Tiergarten in den Himmel. Dieser war im Schrapnellfeuer so gut wie eingeebnet und hatte bald nach der Kapitulation der letzten Verteidiger Kartoffel- und Gemüsebeeten Platz gemacht. Die Berliner hatten Hunger. Das *Adlon* war wenige Monate nach Kriegsende aus bis heute ungeklärten Ursachen einem Brand zum Opfer gefallen.

Doch zurück zum Jahr 1950. Es war der zweite Tag des Ersten Deutschlandtreffens der FDJ. Ungeachtet meiner »Westkaderakte« als ehemaliger Charlottenburger war ich auf Grund des erwähnten Familienbonus vom FDJ-Landesvorstand Sachsen-Anhalt als Dolmetscher nach Berlin delegiert worden und für die Dauer des Deutschlandtreffens erneut vom Studium beurlaubt. Eigentlich war ich immer noch Student, musste aber diese »wichtige gesellschaftliche Aufgabe« erfüllen. Für mich als »Auserwählten« war das damals reizvoll und auch schmeichelhaft. Der Lehrstoff musste jedoch ohne Gnade nachgeholt werden. Die starke Betonung der gesellschaftspolitischen Pflichten war der Aufbauphase nach dem Krieg geschuldet, stand für mein Empfinden zuweilen aber doch im Widerspruch zu den Anforderungen des Studiums.

Nur zwei englischsprachige Ehrengäste waren zum FDJ-Deutschlandtreffen angereist, Bert Williams aus Australien und Francis Daymon aus den USA. Die hatte ich bei Bedarf zu betreuen. Doch dann klingelte in unserer zur »Einsatzzentrale« umfunktionierten Unterkunft das Telefon. Am anderen Ende der Leitung meldete sich das Büro Honecker im Zentralrat der FDJ. Dieser bestand aus ganzen drei Zimmern in einem alten Gebäude der benachbarten Kronenstraße. Dort sollte ich mich umgehend einfinden. Honecker war seit dem »Ersten Parlament« Vorsitzender der damals als überparteilich propagierten Freien Deutschen Jugend. Ich wurde Honecker als Spross einer antifaschistischen Familie vorgestellt, was offensichtlich für meine Eignung sprach, hatte er doch selbst in der Nazizeit zehn Jahre hinter Gittern verbracht. Mit einer etwas linkischen jovialen Geste bot er mir aus einem mit »Westzigaretten« gefüllten Etui eine *Camel* an (was mich etwas verwunderte) und machte mir Mut mit den Worten: »Du wirst das sicher schon schaffen.« Das war unsere erste Begegnung. (Zu seiner nachträglichen »Ehrenrettung« muss ich anmerken, dass er einige Jahre später nach dem Besuch der Parteihochschule der KPdSU nie wieder Alkohol oder Zigaretten anrührte.)

An dem seiner Zeit noch nicht *Checkpoint Charly* genannten und überhaupt noch in keiner Weise befestigten Grenzübergang an der Ecke Friedrich- und Zimmerstraße hatte sich ein englischer Journalist gemeldet, der offenbar in den Osten »desertieren« wollte. Der müsse nun verhört werden, und dafür brauche man einen der englischen Sprache mehr oder weniger leidlich mächtigen Dolmetscher. Die Wahl fiel auf mich. Leicht aufgeregt tigerte ich los – und erlebte meine erste große Enttäuschung. Der Engländer, bis dato Reuters-Korrespondent in Westberlin, sprach fließend deutsch. Er hieß John Peet, allen altgedienten DDR-Bürgern als späterer Herausgeber des *Democratic German Report* wohl bekannt. Etwas amüsiert, aber mit Wohlwollen reagierte er auf mein Bemühen, die mitunter etwas sperrigen Fragen der ebenfalls vor Ort eingetroffenen Vernehmer zu übersetzen. Er wurde in Ostberlin heimisch, erhielt ein großzügig eingerichtetes Büro bei der *Liga für Völkerfreundschaft* und fragte mich Jahre später, ob ich als studierter Journalist mit englischen Sprachkenntnissen bei ihm in der Redaktion mitarbeiten wollte. Mit gemischten Gefühlen gab ich ihm einen Korb. Ich wollte als sogenannter Quereinsteiger in der Zunft der Dolmetscher und Übersetzer freiberuflich bleiben und habe nach Jahren intensiver Praxis eine staatliche Prüfung als Sprachmittler abgelegt.

Dolmetschen in Ost und West

Zwei Dinge sind mir aus meinen Kinder- und frühen Jugendjahren bis heute in bleibender Erinnerung geblieben. Immer wenn man etwas als besonders gut bewerten wollte, sagte man: »Wie im Frieden«. Selbst in den ersten Jahren der DDR wurde bei aller Verurteilung der Nazi-Ära ganz offiziell verkündet, dass der Lebensstandard wieder auf Vorkriegsniveau gebracht werden sollte, nach Möglichkeit auf das Niveau des Jahres 1936. Zweitens machte in Berlin ein geflügeltes Wort die Runde: »Wenn der Funkturm wieder blinkt, jeder Bohnenkaffee trinkt, jedes Auto tankt Benzin, dann ist Frieden in Berlin.«

In den ersten zehn Jahren dieses Friedens nach dem Kriegsende war im Osten Deutschlands das Dolmetschen vorwiegend Domäne einer zahlenmäßig kleinen Elite, Menschen, die aus der antifaschistischen Emigration nach Deutschland zurückgekehrt waren. Als junger Hüpfer von ihnen anerkannt zu werden, war nicht einfach. Ich wollte jedoch unbedingt nach den Jahren der Isolierung von der zivilisierten Welt gerade über die Sprachmittlung meinen bescheidenen Beitrag zur Verständigung zwischen den Völkern leisten. Meine Motivation war also durchaus politischer Natur und sollte später auch typisch für die damalige DDR werden, die mit allen Mitteln um die internationale Anerkennung bemüht war. Darin begründet lag auch ein Unterschied zur Nachkriegsgeschichte des Dolmetschens im Westen. Dort schien das Übersetzen wesentlich von kommerziellen Ambitionen geprägt zu sein. Das erlebten wir immer wieder bei Begegnungen mit westdeutschen Berufskollegen, die im aufblühenden »Wirtschaftswunder« hauptsächlich auf den Gebieten des Exports und des Tourismus tätig wurden.

Der Osten war unter den Bedingungen des Kalten Krieges auch für die meisten Dolmetscher und Übersetzer schlechter dran. Es fehlten die weltweiten Kontakte und damit, vor allem für die sogenannten Westsprachen, die internationale Praxis.

Mit beinahe fassungsloser Hochachtung blickten wir in der jungen DDR auf die wenigen »Kollegen«, die sich unter geradezu archaischen technischen Bedingungen an das Simultandolmetschen wagten, im Frühstadium unserer Zunft als »Mikrodolmetschen« bekannt.

An den medizinischen Fakultäten von Padua, Paris, Genf, Moskau und Jena haben im Laufe der Jahre einige junge Mediziner den kühnen Versuch unternommen zu erforschen, welche Prozesse im Großhirn des Menschen beim Simultandolmetschen ablaufen. Bei aller Vielfalt der variantenreichen Ergebnisse sind die meisten zu ein und derselben Schlussfolgerung gelangt: Simultandolmetschen ist physiologisch nicht möglich. Zwischen der akustischen Aufnahme des Gehörten und der Wiedergabe in einer anderen Sprache liegen so viele komplexe Vorgänge der Transposition von einer Kultur in eine andere, und zwar in Bruchteilen von Sekunden, dass sie von den beiden Hälften des menschlichen Gehirns nicht zu bewältigen sind.

Und doch wird in der Praxis tausendfach simultan gedolmetscht. Es begann bei den Nürnberger Prozessen gegen die Hauptkriegsverbrecher des Nazireichs im Jahr 1946 und nicht, wie vielfach angenommen, bereits beim Völkerbund. Zwei der »Nürnberger« Russischdolmetscher habe ich noch persönlich kennen gelernt und mit einem von ihnen später auch in der Dolmetscherkabine gearbeitet.

Überhaupt laufen einem da so mancherlei außergewöhnliche Typen über den Weg. Als ich nach mehreren Einsätzen in verschiedenen Städten der USA zum ersten mal am New Yorker Hauptquartier der Vereinten Nationen dolmetschte, hatte ich meiner in Berlin zurückgebliebenen Frau meine Adresse im Hotel *Doral Inn* in der Lexington Avenue mit Zimmer- und Telefonnummer mitgeteilt. Sie war wegen des sechsstündigen Zeitunterschieds lange wach geblieben und klingelte an. Am anderen Ende meldete sich aber nicht ihr Ehemann, sondern Valentin Bereshkow, ehemaliger Dolmetscher Stalins und Molotows bei den Verhandlungen zum Hitler-Stalin-Pakt von 1939. Damals war er als blutjunger Diplomat Dritter Sekretär an der Berliner Botschaft der UdSSR unter den Linden. Inzwischen war Bereshkow Mitarbeiter der sowjetischen UNO-Mission in New York. Während der zu bedolmetschenden Konferenz war er zu seiner Delegation ins Hotel gezogen und hatte mich am Abend zuvor gebeten, mit ihm das Zimmer zu tauschen, weil ihn seine Genossen auf ihrer Etage stets in der Nähe haben wollten. Mit Bereshkow entwickelte sich ein Verhältnis freundschaftlicher Kollegialität. Er war hoch gebildet, weltoffen, sprach fließend Deutsch und Englisch und hat im Jahr 1972 unter dem Titel *Jahre im diplomatischen Dienst* seine Memoiren veröffentlicht. 1976 erschien das Buch in deutscher Übersetzung. Bereshkow war inzwischen wissenschaftlicher Assistent im Moskauer USA-Kanada-Institut unter der Leitung des Breschnew-Beraters Professor Arbatow. In den immer noch lesenswerten Memoiren waren leider viele der besonders interessanten, aber auch brisanten Details der Zensur zum Opfer gefallen. Erst in der »Glasnost«-Ära unter Gorbatschow durfte er in mehreren Fernsehsendungen aus dem Nähkästchen plaudern.

Jugend der Welt zu Gast in Berlin

Zurück zu den Anfängen. Zu den Dritten Weltfestspielen der Jugend und Studenten für den Frieden waren im August 1951 26.000 ausländische Teilnehmer aus 106 Ländern nach Berlin angereist. Es wurden sehr viele Dolmetscher gebraucht und aus allen Ecken und Winkeln des Landes angeworben. Wieder zeitweise vom Studium freigestellt, durfte ich mir erneut einige Sporen verdienen. Dabei muss ich gestehen, bei vielen von uns war die professionelle Qualifikation nicht ganz so stark ausgeprägt wie die Begeisterung, dabei zu sein, als zum ersten Mal nach Kriegsende die deutsche Jugend, aus der erzwungenen Isolierung befreit, die internationale Bühne betrat. Das fast völlig zerbombte einst jüdische Kaufhaus Jonas aus den zwanziger Jahren am Berliner Alexanderplatz (Deutschlands erstes Kaufhaus, in dem Ratenzahlung angeboten wurde) war gerade wieder aufgebaut und zum »Haus der Weltjugend« umfunktioniert worden, dem Sitz des Internationalen Organisationskomitees mit improvisierten Übersetzerabteilungen für viele Sprachen.

Hier hatte ich meine ersten Begegnungen mit Paul Markowski und Werner Lamberz, der eine später Abteilungsleiter im Zentralkomitee der SED, der andere Mitglied des Politbüros, enger Vertrauter von Erich Honecker und in den kommenden Jahren als »Kronprinz« und damit möglicher Nachfolger als Generalsekretär der Partei und Staatsoberhaupt gehandelt.

Beide kamen auf tragische Weise ums Leben, worüber noch zu berichten sein wird. Auch Gerhard Herder war einer der aktiven FDJ-Funktionäre im »Haus der Weltjugend«, bevor er nach Jahren DDR-Vertreter am UNO-Sitz in Genf und anschließend Botschafter im Libanon und in den USA wurde.

Raymonde Dien aus Frankreich, Piet van Staveren aus den Niederlanden und Dolores Ibarruri aus Spanien, die legendäre Pasionaria, waren unter den gefeierten Festivalgästen. Raymonde hatte sich in Frankreich an die Schienen einer Eisenbahnstrecke zum Hafen von Marseille gekettet, auf der Waffen für den Krieg in Vietnam transportiert werden sollten. Piet van Staveren war von den holländischen Behörden verfolgt worden, weil er sich geweigert hatte, als Kolonialsoldat an der Unterdrückung der indonesischen Unabhängigkeitsbewegung teilzunehmen. Manolis Glezos hatte 1941 in einer tollkühnen Aktion die Hakenkreuzfahne von der Akropolis herunter geholt. Diese und andere Friedenskämpfer verehrten wir als unsere Helden. Sie waren aber klug genug, sich auf einem der vielen internationalen Diskussionsforen gegen den Marsch der Blauhemden über die noch offene Grenze nach Westberlin auszusprechen, ein scheinbarer Widerspruch, den ich zunächst nicht verstehen wollte. Diese Massendemonstration musste im Westen zwangsläufig als Provokation gesehen werden und endete folgerichtig unter den Knüppeln der nach dem Westberliner Polizeipräsidenten benannten »Stumm«-Polizei.

Die bereits erwähnte politische Motivation war einer der Unterschiede zwischen unserer Zunft im Osten und unseren westdeutschen Kollegen, die ihre ersten beruflichen Schritte im aufblühenden Wirtschaftswunder taten, also im Geschäftsleben, Tourismus usw. Sie hatten viel bessere Chancen als wir, sich in den Ländern ihrer Arbeitssprachen, besonders den »westlichen«, Praxis anzueignen. Und ihre Honorare verdienten diese Bezeichnung. Bei uns lag das Spitzenhonorar in der Kabine pro Tag bei ganzen 60 Mark der Deutschen Notenbank der DDR. Das sollte sich nur allmählich ändern. Rasant veränderte sich jedoch die Vielfalt der Themenbereiche. Immer mehr politische, technisch-wissenschaftliche und kulturelle Institutionen warben intensiv um Partner in aller Welt und genossen in ihrem Bemühen großzügige staatliche Unterstützung. Die heiß umworbenen Gäste hatten fast alles frei, einschließlich der zuweilen nicht gerade bescheidenen Flugpassagen.

Die Organisation all dieser aufregenden Ereignisse steckte noch in den Kinderschuhen. Bis heute bleibt mir jener sonnige Augusttag 1951 unmittelbar nach der glanzvollen Abschlussveranstaltung der Dritten Weltfestspiele in Erinnerung, da ich als sogenannter Betreuer-Dolmetscher den Auftrag erhielt, für eine lateinamerikanische Delegation von der Notenbank unter den Linden Devisen abzuholen und dafür beim Reisebüro in der Charlottenstraße die vorbestellten Tickets für den Heimflug in Empfang zu nehmen. Der Schalterbeamte musterte mich zunächst mit einem langen, prüfenden Blick. Warum er mich dann in einen separaten Raum bat, war mir nicht ganz klar. Dort wollte er meinen verschließbaren Koffer sehen und fragte mich auch nach Sicherheitsbegleitern. Ich hatte weder den einen noch die anderen. Ein Licht ging mir erst auf, als er auf dem Tisch 6000 US-Dollar in kleinen Scheinen vor mir auftürmte. Unter dem Tisch lag ein Packen ziemlich zerfetzten Packpapiers. Der für mich damals kaum vorstellbare Schatz in bar wurde notdürftig verhüllt und von mir im Laufschritt in die Charlottenstraße getragen, jede Minute darauf bedacht, dass ja nichts auf das Straßenpflaster fällt. Der Direktor des Reisebüros machte große Augen, als ich seinen Schreibtisch mit einem Riesenhaufen ach so kostbarer Devisen fast gänzlich zudeckte. Auch derartige »Betreuungsaufgaben« gehörten zu meinen Pflichten als Dolmetscher.

»Feuertaufen«

Im Jahr 1953 hatte ich beim Weltfrauenkongress im hochsommerlichen Kopenhagen meine Auslandspremiere in der Dolmetscherkabine. Ich war (bis 1955) immer noch Student und wurde für den Einsatz erneut freigestellt. Über drei Ecken war mir zugetragen worden, dass ich diese Ehre wahrscheinlich Dolores Ibarruri zu verdanken hatte, die bei besagtem Festival zwei Jahre zuvor auf einige Kollegen, darunter auch meine Wenigkeit, aufmerksam gemacht worden war. Ich durfte »unter Aufsicht« aus dem Englischen ins Deutsche dolmetschen, wie etwa seiner Zeit ein junger »Arzt im Praktikum« nach dem Studium erst mal nur unter Aufsicht des erfahrenen Stationsarztes auf die Patienten losgelassen wurde. Neben mir hockte ein alter Hase aus Wien und kontrollierte mit »Argusohren«, was ich ins Mikrophon von mir gab. Ich war aufgeregt. Dennoch ging alles halbwegs gut über die Bühne. Die Zuhörer schienen zufrieden, und zum Abschluss des Kongresses dankte die französische Präsidentin der Internationalen Demokratischen Frauenföderation den dänischen Organisatoren und Gastgebern. Sie dankte auch – durchaus nicht immer selbstverständlich – den fleißigen Simultandolmetschern mit einer Minute des Schweigens.

Es konnte im wunderschönen Kopenhagen nicht ausbleiben, dass ich als ein Typ, den man heute als Ossi einordnen würde (noch dazu mit westlichen

Wurzeln) von meinen nord-, west- und südeuropäischen Kollegen mit teilweise heiklen Fragen bombardiert wurde. War doch ein Jahr zuvor auf der II. Parteikonferenz der SED von Walter Ulbricht der Aufbau des Sozialismus angekündigt worden. Besser noch, angedroht. Die forcierte Entwicklung der Schwerindustrie, der Aufbau einer eigenen Luftfahrtindustrie, die willkürliche Erhöhung der Arbeitsnormen, die beginnende Militarisierung des öffentlichen Lebens und die Umgestaltung der staatstragenden SED zu einer »Partei neuen Typus« nach Leninistischem Vorbild mit rigoroser Beseitigung der letzten Überreste sozialdemokratischer Traditionen hatten der ohnehin benachteiligten ostdeutschen Bevölkerung unzumutbare Belastungen aufgezwungen. Ich betrachtete mich als Vertreter der DDR im westlichen Ausland und versuchte nach alter Agitprop-Manier mehr schlecht als recht Dinge zu rechtfertigen, die mit gesundem Menschenverstand nicht zu rechtfertigen waren.

Am 16. Juni 1953 kam der Tag der Heimreise über Gedser nach Warnemünde. Ich war kaum von der Fähre wieder auf festem DDR-Boden, als mich ein Instrukteur der örtlichen Parteileitung beiseite nahm und leise, aber eindringlich auf mich einredete: Zu Hause war von Otto Grotewohl der Neue Kurs verkündet worden. Die Bauern, die in den Westen gegangen waren, sollten ihre beschlagnahmten Höfe und Äcker zurück erhalten. Die erhöhten Produktionsnormen der Arbeiter, praktisch eine drastische Lohnsenkung, wurden wieder herabgesetzt. Die Kinder brauchten sich in der Schule nicht mehr feierlich verpflichten, ihre Eltern davon abzuhalten, am Radio den *RIAS* oder andere Westsender einzuschalten. Den kleinen Gewerbetreibenden wurden Steuersenkungen versprochen und so weiter. Das meiste von dem, was ich tags zuvor meinen leicht skeptisch lächelnden Westkollegen zu erklären versucht hatte, galt nicht mehr. Das war eben Dialektik und wollte erst mal verinnerlicht werden, auch von dem Dolmetscher, der das Privileg legaler Westreisen genoss.

Mein zweiter Auslandseinsatz als Simultandolmetscher im September 1953, kurz nach der Feuertaufe beim Weltfrauenkongress in Kopenhagen, führte mich nach Warschau. In der Sportschule von Bielany, am Stadtrand der polnischen Hauptstadt, tagte der Weltstudentenkongress des Internationalen Studentenbundes, kurz ISB. Der tschechische Gründungspräsident Josef Grohman war kurz zuvor von seinem Landsmann Jiri Pelikan abgelöst worden. Grohman war ein enger Vertrauter des in einem stalinistischen Schauprozess zum Tode verurteilten und hingerichteten Generalsekretärs der tschechoslowakischen Kommunisten Rudolf Slansky gewesen. Er war gerade noch einmal mit einem blauen Auge und dem Verlust aller Funktionen in Staat und Gesellschaft davongekommen. Sein Nachfolger Pelikan hat fünfzehn Jahre, bis zum *Prager Frühling* 1968, durchgehalten und war zuletzt Generaldirektor des Staatlichen Fernsehkomitees in Prag. Bis zum Eindringen der ersten Stoßtrupps der Roten Armee hat das Fernsehen aktuell und unzensiert gesendet und Dubčeks Politik eines Sozialismus mit menschlichem Antlitz unterstützt. Nach dem Sturz Dubčeks und der militärischen Invasion der sozialistischen Staatengemeinschaft (mit Ausnahme Rumäniens) musste er für seine Person das Schlimmste befürchten und hat sich im letzten Augenblick durch die Flucht nach Rom der Verhaftung entzogen. Am Rande vieler internationaler Konferenzen hatte ich Pelikan als einen hoch gebildeten Idealisten mit sozialistischen Illusionen persönlich kennen und schätzen gelernt. Illusionen deshalb, weil ihm eine freie, demokratische und sozialistische Gesellschaft vorschwebte, in der das Volk durch ein frei gewähltes

Parlament entscheidet, allerdings – und das war der große Trugschluss und Widerspruch in sich – unter der unangetasteten Führung der Kommunistischen Partei. Die tragischen Idealisten sind bis heute nicht ausgestorben. Michael Gorbatschow war einer ihrer prominentesten Vertreter. Im Nachhinein ist man natürlich immer klüger. Mir ging es nicht anders.

So dolmetschte ich in Warschau nicht nur mit sprachlicher Akribie, sondern auch mit leidenschaftlichem Engagement die heißen Diskussionen, in denen Pelikan und Genossen versuchten, die Vertreter der großen westlichen Studentenverbände auf die Linie des Friedenskampfes unter Führung der Sowjetunion einzuschwören. Vergeblich. Die Spaltung der Weltstudentenbewegung in Ost und West wurde in Warschau besiegelt. Ich war damals zeitweilig der verantwortliche Redakteur der Monatszeitschrift des Internationalen Studentenbundes *World Student News*. Ähnlich war es ein Jahr zuvor der Weltjugendbewegung mit dem Weltbund der Demokratischen Jugend, WBDJ, ergangen. Der war seit seiner Gründung am 10. November 1945 in der Londoner *Albert Hall* bis zur Ost-West-Spaltung in den fünfziger Jahren ein wahrer Weltbund gewesen. Einer der wenigen deutschen Delegierten des Gründungskongresses war der deutsche Emigrant Horst Brasch, der während des Zweiten Weltkrieges in London auch Mitbegründer der Freien Deutschen Jugend gewesen war. Nur wenige Zeitgenossen wissen, dass die FDJ bereits 1942 in London und nicht erst nach dem Krieg in der DDR gegründet worden war. Horst Brasch bekleidete später hohe Staats- und Parteifunktionen, und ich war jahrelang sein Dolmetscher bei Reisen in englischsprachige Länder Afrikas und Asiens. In diese Zeit fielen die wenigen Jahre, in denen ich als Chefredakteur der *Weltjugend* fest angestellt war und nur nebenberuflich dolmetschen konnte.

Doch zurück nach Warschau. Die polnische Hauptstadt war damals noch ein großes Trümmerfeld. Lediglich die Altstadt war in bewundernswerter Weise wieder aufgebaut worden. Das ehemals weit ausgedehnte jüdische Ghetto war von der SS-Sonderformation *Dirlewanger* und unter dem Befehl des Wehrmachtsgenerals von dem Bach-Zelewski dem Erdboden gleichgemacht worden. Genau dort steht heute das Denkmal zu Ehren des Ghetto-Aufstands, der Ort des historischen Kniefalls von Willy Brandt am 7. Dezember 1970. 1953 war es noch eine riesige Brache gegenüber einer Riesenbaustelle. Hier entstand im Moskauer Zuckerbäckerstil der Kulturpalast, ein »Geschenk« Stalins an seine polnischen Genossen, die er Jahre zuvor beim Warschauer Aufstand gegen die Nazi-Okkupanten schmählich im Stich gelassen hatte.

Dieser ersten Begegnung mit polnischen Menschen sollten später noch viele weitere folgen. Aus den anfangs fremden Nachbarn wurden Freunde. Ich sammelte nicht nur Erkenntnisse, sondern entwickelte eine starke emotionale Anteilnahme für die tragische Geschichte dieses Volkes, das über die Jahrhunderte gegen Preußen, Russen und Österreicher um seine Freiheit kämpfen und unvorstellbare Opfer bringen musste. Eine von vielen Besonderheiten ist die außergewöhnlich starke Position der katholischen Kirche, die in Polen, im Unterschied zu vielen anderen Ländern, stets auf der Seite des nationalen Befreiungskampfes gestanden hat. Nicht von ungefähr haben im Herbst 1956 im ganzen Land die Kirchenglocken geläutet, und von allen Kanzeln haben die Priester gepredigt: »Gott schütze unseren lieben Genossen Gomulka.«

Ich war gerade mit heiler Haut auf Umwegen aus Budapest entkommen, auf einem Donaudampfer unter polnischer Flagge über Bratislava. Ganze Bezirke der ungarischen Hauptstadt lagen nach der Niederschlagung des Volksaufstandes gegen den stalinistischen Diktator Rakosi durch sowjetische Panzer in Trümmern. Ich hatte in der Zeit von Mai bis Anfang November als Redakteur der *Weltjugend* an mehreren Redaktionskonferenzen teilgenommen. Als einziges Land des Warschauer Paktes hatte Polen die Aufständischen unterstützt. Am Denkmal des polnischen Generals Bem, einem Mitstreiter des Freiheitshelden Kossuth aus dem Jahr 1848, hatten die ersten Demonstrationen der Budapester Studenten begonnen, die in einen landesweiten Volksaufstand mündeten. Auf einer späteren Konferenz zur Aufarbeitung der kommunistischen Diktaturen in Osteuropa wurde in Abwandlung des *Kommunistischen Manifests* die Losung geprägt »Ein Gespenst geht in Osteuropa um, das Gespenst des Sozialismus mit menschlichem Antlitz«. Bis zur letzten Minute flog die staatliche Luftlinie Polens *LOT* Versorgungsflüge für die ungarischen Aufständischen. Dann wurde auch der Budapester Flughafen von sowjetischen Panzern überrollt.

Möglicherweise war ich einer der letzten Ausländer, die den noch amtierenden Generalsekretär der ungarischen Kommunisten Matias Rakosi aus nächster Nähe erlebt hatten. Im Nép-Stadion war ich mit einigen anderen ausländischen Kollegen direkt neben der Ehrenloge Zuschauer eines Fußballspiels Ungarn gegen Jugoslawien, des ersten »Freundschaftsspiels« seit dem Bruch Jugoslawiens mit Moskau im Jahr 1948. Die »Kettenhunde« Titos durften erstmals wieder in ein sozialistisches Land einreisen. Das Spiel endete unentschieden, für Rakosi eine nationale Katastrophe.

In Warschau gelandet, erlebte ich Dinge, die mich bewegten und erschütterten. Auf dem Straßenpflaster überall ungarische Fahnen mit herausgeschnittenem Sowjetstern und darauf unbewacht Berge von Zlotyscheinen, gesammelt für die ungarischen Freiheitskämpfer. In der polnischen Zweigredaktion der *Welt-*

jugend trauerten die Kollegen um Agniezka. Sie war eine gläubige Kommunistin gewesen und nach dem XX. Parteitag der KPdSU voller Hoffnung auf Reformen. Die blutige Reaktion Moskaus auf den ungarischen Volksaufstand und eine drohende Intervention auch in Polen hatten sie in den Freitod getrieben. Als polnischer Verteidigungsminister fungierte der sowjetische Marschall Rokossowski. Er wurde abberufen. Khrustchow schickte jedoch seinen noch amtierenden Außenminister Molotow nach Warschau, um den Satelliten wieder auf die richtige Spur zu bringen. Der sowjetischen Sondermaschine wurde vom Warschauer Tower jedoch erst Landeerlaubnis erteilt, als die Treibstofftanks fast leer geflogen waren. Dann wurde der hochrangigen Moskauer Delegation in einem separaten Raum von einem drittrangigen Mitarbeiter des Außenministeriums empfohlen, ohne weitere Verzögerung wieder nach Hause zu fliegen, weil man in Warschau selbst am besten wüsste, was für Polen gut und richtig war. Ein bis dahin unerhörtes Vorkommnis in der Geschichte der sozialistischen Staatengemeinschaft.

Diener vieler Disziplinen – Dolmetschen in Kultur, Wissenschaft und Forschung

Als Dolmetscher wird man immer wieder mit minimaler Vorbereitung ins kalte Wasser geworfen und muss sich im Handumdrehen ein breit gefächertes, hoch qualifiziertes Halbwissen aneignen, denn die Aufträge konnten aus den unterschiedlichsten Bereichen kommen. Nur wer von unstillbarer Neugier getrieben war und sich für (fast) alles interessierte, konnte im Rennen mithalten.

Eine sehr eindrucksvolle Begegnung hatte ich am *Berliner Ensemble*. Der eingeweihte Berliner Theaterfan kennt sich aus und weiß, wie man vom Hinterhof am Schiffbauerdamm zur Probenbühne des ehemals berühmten, extravaganten Brecht-Theaters gelangt. Extravagant im wahrsten Sinne des Wortes war in den sechziger Jahren des vorigen Jahrhunderts das Internationale Brecht-Symposium, das alljährlich Theaterleute aus aller Herren Länder anlockte, viele von weither angereist, wie etwa die Schauspieler des japanischen NO-Theaters. Für diese Zusammenkunft wurden natürlich auch Dolmetscher gebraucht und angeheuert. Wir waren acht Kollegen für vier Kabinen und vier Fremdsprachen. Schneller als uns lieb war mussten wir feststellen, dass dieser Einsatz alles andere war als eine normale Konferenz. Die teilnehmenden Theaterleute hielten sich nicht lange mit theoretischen Vorträgen auf. Sie spielten ihre Rollen mit ungezügelter Leidenschaft, sprangen auf Tische und Stühle, lachten, weinten, schrien, deklamierten, improvisierten und wurden dabei ständig von Brechts Witwe, der großen Helene Weigel, angefeuert. Alle, auch wir in unseren provisorisch gezimmerten Holzverschlägen, gerieten arg ins Schwitzen. Hier war nicht so sehr angelerntes Halbwissen gefragt, sondern emotional aufgeladenes Mitfiebern und ganz schnelles Einfühlen und Mitdenken. Im Protokoll lasen wir später den Satz einer Französisch-Kollegin: »… Es liebe die Lebe … ach nee … ich bin ooch schon janz verrückt.« Immerhin, das persönliche Handschreiben von Helene Weigel mit einem großen Dankeschön für unsere Dolmetschleistungen gehört in meinem nicht gerade kleinen Privatarchiv zu meinen wertvollen Erinnerungsstücken.

⅄ ⅄ ⅄

Welcher Dolmetscher befasst sich schon beruflich mit Märchen! Wir mussten es, denn die Veranstalter einer Konferenz in der gerade eingeweihten Kongresshalle am Alexanderplatz, Regisseure, Juristen und Kinder-

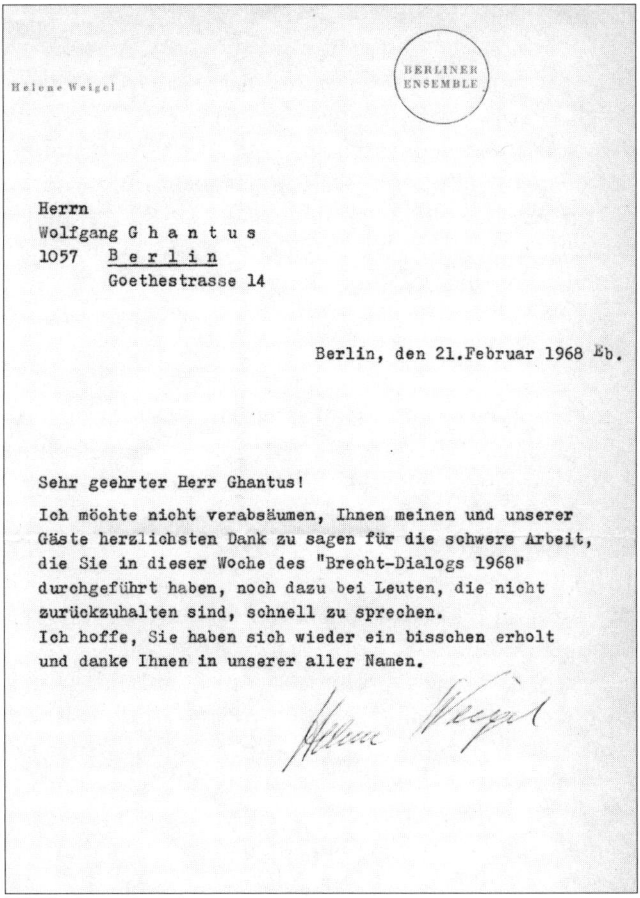

Helene Weigel

BERLINER ENSEMBLE

Herrn
Wolfgang G h a n t u s
1057 B e r l i n
Goethestrasse 14

Berlin, den 21.Februar 1968 Eb.

Sehr geehrter Herr Ghantus!

Ich möchte nicht verabsäumen, Ihnen meinen und unserer Gäste herzlichsten Dank zu sagen für die schwere Arbeit, die Sie in dieser Woche des "Brecht-Dialogs 1968" durchgeführt haben, noch dazu bei Leuten, die nicht zurückzuhalten sind, schnell zu sprechen.
Ich hoffe, Sie haben sich wieder ein bisschen erholt und danke Ihnen in unserer aller Namen.

Dankschreiben der großen Helene Weigel für die Übersetzerleistung während des alljährlichen Brecht-Symposiums – eine besondere Herausforderung für die Simultandolmetscher.

psychologen, waren auf die abstruse Idee gekommen, die kriminologische Relevanz des guten alten deutschen Märchenschatzes zu diskutieren. Das Verhalten der Eltern von Hänsel und Gretel, so eine der Schlussfolgerungen, erfülle den Tatbestand der Kindesaussetzung mit beinahe tödlichem Ausgang. Auch die Mutter von Rotkäppchen kam wegen grober Vernachlässigung der Aufsichtspflicht in einem von bösen Wolfsraubtieren höchst gefährdeten Waldgebiet nicht ungeschoren davon. Das vermittelte uns eine neue und gewöhnungsbedürftige Sicht auf die Gebrüder Grimm – eine Horizonterweiterung der besonderen Art.

⅄ ⅄ ⅄

Der Haupteingang des Hauptgebäudes der Humboldt-Universität wird von zwei Statuen der Brüder Humboldt flankiert. Die in Gold eingelegte Inschrift auf der einen ist in spanischer Sprache und ein Geschenk der Universität von Havanna aus dem Jahr 1936. Zum 150. Jahrestag der Universitätsgründung 1960 saß ich am hinteren Ende des Senatssaals in der Dolmetscherkabine und übersetzte die Festreden.

Ein paar hundert Meter nach der Humboldt-Uni in westlicher Richtung biegt man rechts in die Luisenstraße. Sie führt geradeswegs zum traditionellen Campus der Berliner Charité, vorbei an dem Haus, in dem Albert Lortzing im Jahr 1837 die Oper *Zar und Zimmermann* komponierte. In unmittelbarer Nachbarschaft entdeckte Robert Koch den Tuberkulose-Bazillus und schuf damit die Grundlage der Bakteriologie.

Wer sich für die Geschichte der Medizin interessiert, gerät unweigerlich in den Bann der Berliner Charité, des größten Universitätsklinikums in Europa, der Wiege bahnbrechender Entdeckungen und Erfindungen in der Heilkunst. Bis zur Machtübernahme der Nazis im Jahr 1933 war sie weltweit die Nummer Eins in Fragen der Medizin und Spitzenreiter im medizinischen Forschen. Dann wurden viele der fähigsten Praktiker und kühnsten Forscher aus rassischen und politischen Gründen verhaftet, ermordet oder außer Landes getrieben. Von diesem Aderlass hat sich die Charité bis zum heutigen Tage nicht erholt. Dennoch hat sie auch mein Leben maßgeblich beeinflusst. Meine Erinnerung geht zurück bis ins Vorschulalter, da ich meinen Vater bei einem Besuch seines Freundes Professor Karl Bonhoeffer begleiten durfte. Der Psychiater und Neurologe Bonhoeffer war von 1912 bis zu seiner Emeritierung 1938 Direktor der Nervenklinik der Charité. Er widersetzte sich dem nationalsozialistischen T4-Programm zur Vernichtung unwerten Lebens. Zwei seiner Söhne, Dietrich und Klaus, sowie zwei Schwiegersöhne wurden von den Nazis ermordet. Professor Max de Crinis, SS-Standartenführer, wurde im November 1938 sein Nachfolger. Er war ein aktiver Förderer der nazistischen Euthanasieverbrechen und entzog sich im Mai 1945 durch Selbstmord der Verantwortung vor Gericht. In dem bis auf den heutigen Tag kaum veränderten Arbeitszimmer Bonhoeffers erhielt ich in den siebziger Jahren vom Bonhoeffer-Biograf Prof. Neumärker meine ersten Übersetzeraufträge auf den Gebieten der Kinder- und Jugendpsychiatrie und der endogenen Psychosen.

Das Übersetzen von wissenschaftlichen, besonders von naturwissenschaftlichen und technischen Texten unterscheidet sich von der Bearbeitung »normaler« Texte durch mindestens zwei Merkmale. Für sogenannte normale Texte hat heutzutage kaum noch jemand Geld übrig. In den Anfangsjahren der DDR war das anders. Da wurden massenweise Propagandabroschüren für das Ausland produziert. Im Vordergrund stand die agitatorische Wirksamkeit oder, wie man so schön sagte, die »Massenwirkung«. Bei wissenschaftlichen Publikationen kommt es zuerst auf konkrete und präzise Information an. Die Fachterminologie muss stimmen. Das lernen wir durch ständige Übung, persönlichen Kontakt mit den Autoren und häufiges zumindest diagonales Lesen von Fachzeitschriften. Nachdem ein von mir in die englische Sprache übersetztes Buch über die Frühdiagnose von Brustkrebs in Medizinerkreisen guten Anklang gefunden hatte, wurde ich für ähnliche Aufträge weiter empfohlen. Die Zusammenarbeit mit den deutschsprachigen Autoren und den englischsprachigen Lektoren, die durch meine Arbeit als Dolmetscher und Übersetzer entstandenen persönlichen Freundschaften mit mehreren Koryphäen der Medizin und nicht zuletzt meine Ehe mit einer Fachärztin für Anästhesiologie haben dazu beigetragen, dass die Medizin zu meiner großen Liebe und zu einem Hauptgebiet meiner übersetzerischen Tätigkeit wurde. Nach meiner Erfahrung muss man nicht selbst Fachmann sein, um einen Fachtext gut zu übersetzen. Viele Fachleute sind dazu sprachlich gar nicht in der Lage. Man muss aber unbedingt verstehen, worum es bei dem jeweiligen Thema geht.

Nur ein paar Schritte sind es von dem efeubedeckten Gebäude der Nervenklinik zu dem ehrwürdigen Gebäude des Instituts für Pathologie. Hier hatte Rudolf Virchow im 19. Jahrhundert die Pathologie zur Wissenschaft erhoben. Als Dolmetscher mit Arbeitsschwerpunkt Medizin habe ich jahrelang auf den Spuren Virchows für die Chefs des Instituts für Pathologie gearbeitet, insbesondere für die Professoren Kettler, Simon, David und Guski.

Besonders Heinz David ist mir als Prototyp eines faustischen Forschers in bleibender Erinnerung. Er war beinahe rund um die Uhr im Institut erreichbar. In seinem mit Präparaten voll gestopften Arbeitszimmer analysierte er Zellproben und schien mit dem Mikroskop verwachsen zu sein. Dank seines internationalen Ansehens genoss er das Privileg des Reisens in alle Kontinente. Auf einer Reise nach München hatte er einen Computer erstanden und diesen am DDR-Zoll vorbei »importiert«. Das war zur damaligen Zeit im

Höchste Konzentration bei der »Blutbankkonferenz« des Pathologischen Instituts der Berliner Charité

Osten eine absolut außergewöhnliche Errungenschaft. Als er Jahre später eine Gruppe von japanischen Kollegen zu Besuch hatte und ihnen stolz seinen Rechner vorführte, schmunzelten die Japaner zwar höflich, meinten aber, dies wäre ein wertvolles Stück für ein Technik-Museum. David ist Autor des zweibändigen Wörterbuches der Medizin und einer zweibändigen

Geschichte der Charité. Beide Werke stehen als Geschenke in meinem Bücherschrank.

Ich hatte das erste in der damaligen DDR erschienene Wörterbuch der Medizin bereits Jahre zuvor erhalten. In der Berliner Scharnhorststraße, unmittelbar vor dem damals noch unbefestigten Grenzkontrollpunkt an der Sandkrugbrücke zum britischen Sektor im Bezirk Tiergarten, residierte in einem repräsentativen Gründerzeitgebäude ein würdiger älterer, weißhaariger Herr, Professor Maxim Zetkin, Sohn der legendären Clara Zetkin, erster Staatssekretär für das Gesundheitswesen der DDR, Autor des besagten Wörterbuches. Zetkin persönlich überreichte mir das Werk als leicht verspätetes Honorar für einen Dolmetscheinsatz, bei dem ich einen leitenden Beamten des NIH (National Institute of Health – oberste Gesundheitsbehörde der USA) begleitete. Bereits damals hatte man jenseits des großen Teiches von den gesundheitspolitischen Erfolgen der jungen DDR gehört und war neugierig geworden. Vielleicht könnte dieses oder jenes sogar im reichen Amerika von Nutzen sein. Später wurde das Gebäude zum Regierungskrankenhaus für die Nomenklatura der DDR umfunktioniert.

Solche Ost-West-Gespräche waren keine Seltenheit. Trotz aller im Westen gepflegten Vorurteile gegenüber der DDR kamen doch immer wieder wissbegierige Besucher, bei denen es sich herumgesprochen hatte, dass es im Osten langsam aber sicher voran ging. In der DDR war das letzte Überbleibsel der Lebensmittelrationierung erst reichlich spät verschwunden, und zwar im August 1958 mit der Freigabe von Kartoffeln und Butter, das Stück zu zwei Mark fünfzig Ost. Damit war ein Bon mot aus dem reichen Schatz der politischen Witzkiste ungültig geworden: Walter Ulbricht lag mit einem gebrochenen Arm im Krankenhaus. Er war angeblich auf dem letzten Stück Butter der DDR ausgerutscht und in die leere Kartoffelkiste gestürzt.

⅄ ⅄ ⅄

Natürlich wollte nicht nur der Westen von der DDR lernen, wenngleich man das fast täglich im *Neuen Deutschland* lesen konnte. Eines Tages wurde ich in die Deutsche Bauakademie gerufen, damals in genau dem Gebäude in der Hannoverschen Straße, in das Jahre später die Ständige Vertretung der Bundesrepublik einziehen sollte. Schon vorher hatte ich mich bei den Bauleuten der DDR mit massenweise schriftlichen Übersetzungen aus amerikanischer Fachliteratur verdient gemacht. Das bis dahin in Presse und Funk viel gepriesene Dreiersystem (»ein Stein, ein Kalk, ein Bier«) sollte durch die Großplattenbauweise nach amerikanischem Muster abgelöst werden. Nun sollte ich dolmetschend einen Architekten aus New York begleiten und staunte nicht schlecht, als ich vor Ort dem Präsidenten der Akademie vorgestellt wurde. Es war kein Geringerer als Professor Kurt Liebknecht, Neffe von Karl Liebknecht, ein stattlicher Mann in den besten Jahren und, im Unterschied zu seinem berühmten Onkel, offenbar bereit, für den Aufbau des Sozialismus vom Klassenfeind zu lernen.

⅄ ⅄ ⅄

Ein ganz besonderes und ausnahmsweise auch kostengünstiges Beispiel der internationalen Öffentlichkeitsarbeit war das jährlich einberufene Erythrozyten-Symposium des Charité-Professors Mitja Rapoport. Für alle Mediziner und Biologen, die weltweit in der Erforschung der roten Blutkörperchen Rang und Namen hatten, war dank Rapoport die Berliner Charité ein Mekka geworden, zu dem sie jedes Jahr erneut in Scharen pilgerten – und zwar auf eigene Kosten, soviel war ihnen die Teilnahme wert. Immer waren auch einige dabei, die einen Englischdolmetscher brauchten, um mit diskutieren zu können. Für sie musste ich in der ersten Reihe des Auditorium maximum (ohne Technik) flüstern oder vom Podium konsekutiv dolmetschen. Dabei lässt man den Redner mehrere, im schlimmsten Fall viele Sätze reden, macht sich entweder Notizen oder speichert die Schwerpunkte der Rede im Kopf. Sobald der Redner Luft holt, tritt der Dolmetscher in Aktion. Der Vortrag wird also nicht simultan, sondern Abschnitt für Abschnitt gedolmetscht, immer im »Kielwasser« des Redners. Ein wahrhaft harter Job, und das nicht nur wegen der Fachterminologie, sondern vor allem wegen der Anforderungen an das Speichervermögen des menschlichen Hirns. Wir können ein Lied davon singen, dass so mancher Redner diese Bezeichnung nur mit erheblicher Einschränkung verdient. Ein Mal in meiner langen Laufbahn nahm ich mir gegenüber namhaften Persönlichkeiten die Freiheit, von meinem Platz aus nach oben zur Bühne zu rufen: »Bitte deutlich reden und nicht im Eilzugtempo!« Später habe ich auf Konferenzen, auch als Betreuer bei der Ausbildung von jungen Konferenzdolmetschern, immer wieder auf die Bedeutung einer guten Akustik hingewiesen. So manches Mal habe ich entschieden protestiert, wenn ein Redner die Bemerkung machte: »Ich werde jetzt mal auf den Dolmetscher Rücksicht nehmen.« Nein, auf die Zuhörer muss Rücksicht genommen werden. Der Dolmetscher ist nur Mittler. Das gesprochene Wort ist für ihn Handwerkszeug und Rohstoff, und aus einem minderwertigen Rohstoff kann selbst der erfahrene Handwerksmeister kein hochwertiges Möbelstück zaubern. Auch das Tempo einer Rede spielt eine Rolle, allerdings mit der Einschränkung, dass ein guter Simultandolmetscher fähig sein muss, mindestens ebenso schnell zu denken und zu reden wie der schnellste Redner. Kritisch wird es bei Schachtelsätzen mit Bandwurmlänge, noch dazu wenn sie vom Blatt abgelesen werden.

Das sogenannte »Flüsterdolmetschen« ist zuweilen anstrengender als die Arbeit in der Kabine. Hier bei einer Konferenz der griechischen Gewerkschaften 1978 in Athen.

Eine besondere Tücke beim Dolmetschen aus der deutschen in die englische Sprache ergibt sich aus der unterschiedlichen Syntax (Subjekt, Prädikat, Objekt). Spötter berichten von einer internationalen Konferenz, deren erste Arbeitssitzung gegen 18 Uhr zu Ende ging. Gegen Mitternacht machte ein Wachmann die Runde durch das Konferenzgebäude, kam an den Dolmetscherkabinen vorbei und sah doch tatsächlich noch einen Kollege vor dem Mikrophon sitzen mit den Kopfhörern auf den Ohren. »Was machen Sie denn noch hier?«, fragte der Wächter mit gerunzelter Stirn. Die Antwort: »Ich warte auf das Verb.«

Mitja Rapoport selbst war leicht zu dolmetschen. Er war für mich der Prototyp des souveränen, weltoffenen Gelehrten und Lehrers, der es verstand, komplizierte wissenschaftliche Zusammenhänge mit eindeutigen Worten kristallklar darzustellen. Von den Nazis als »Nichtarier« aus seiner österreichischen Heimat vertrieben, hatte er es im amerikanischen Exil zu hohem Ansehen gebracht. Nach Kriegsende war er heimgekehrt, aber nicht nach Europa, nicht nach Österreich, nicht nach Deutschland, nicht nach Berlin, sondern an die Wiege der medizinischen Forschung, die Charité. Bis ins hohe Alter war er Direktor des Instituts für Biologische und Physiologische Chemie der Humboldt-Universität zu Berlin. Eines Tages saß der berühmte Wissenschaftler in meinem bescheidenen Wohnzimmer, um mich in aller Ruhe auf die Tücken und Fallstricke einzustimmen, die auf seiner ersten Erythrozyten-Konferenz auf mich zukommen sollten. Was mich besonders beeindruckte, war nicht nur seine Ruhe und Klarheit, sondern seine persönliche Bescheidenheit, gepaart mit kompromissloser Strenge, wenn es um sein Fachgebiet ging.

Im Laufe der Jahre wurde ich von einem Institut ans andere »weitergereicht«. Auf diese Weise landete ich eines Abends in der »Bastelstube« von Professor Porstmann, die mich an die Studierstube des Dr. Faust im Teil Eins des Goetheschen Hauptwerks erinnerte. Porstmann, Chef des Charité-Instituts für Herz-Kreislaufdiagnostik, war ein Tüftler *par excellence*, Erfinder einer Kathetertechnik, mit deren Hilfe erstmalig ein weit verbreiteter angeborener Herzfehler, der *Ductus*

Botalli, mit einem nur 45 Minuten dauernden chirurgischen Eingriff behoben werden kann. Der Patient blieb während der Prozedur wach und ansprechbar. Der Brustkorb musste nicht geöffnet werden. Das Porstmannsche Verfahren machte in der ganzen Welt Furore, wurde übersetzt und verfilmt, und ich durfte bescheiden aber aktiv mitwirken. Das meine ich, wenn ich zuweilen auf die historische Rolle des Übersetzers angesprochen werde. Wir stehen keinesfalls im Mittelpunkt wichtiger politischer Ereignisse, jedoch manchmal nur einen halben Meter daneben oder dahinter.

Es folgte eine Fülle von Aufträgen zur Übersetzung von Fachbüchern und sonstigen Publikationen und zumindest in einem Fall, ausgestattet mit Kittel, Haube und Mundschutz, als Dolmetscher von Gastchirurgen im Operationssaal.

Des Öfteren wurde mir die Frage gestellt, wie man mit solch außergewöhnlichen Dolmetschsituationen als medizinischer Laie überhaupt umgehen kann. Ich bin kaum empfindlich gegenüber ungewohnten und unangenehmen äußeren Einflüssen. Darüber hinaus ist die Fähigkeit, sich an besondere Umstände anzupassen, ein wichtiges Berufsmerkmal. Meine Kollegin, die man auf dem Umschlagfoto in der Kabine bei der UNO-Konferenz sieht, ist eine hochqualifizierte und erfahrene Dolmetscherin. Sie wäre im OP jedoch fehl am Platze. Bei einer internationalen Konferenz im Dresdner Hygienemuseum über die Geschichte des Dokumentarfilms, zu dessen Gründungsvätern übrigens der berühmte Hitchcock gehörte, lief zum Beispiel ein Film über das bereits erwähnte Porstmannsche OP-Verfahren. Den Text hatte ich übersetzt. Im Bild wurden die massiv durchbluteten Gefäße in der Umgebung des menschlichen Herzens gezeigt. Meiner hoch geschätzten Kollegin wurde übel. Sie warf das Handtuch, mir einen flehenden Blick zu und rannte aus der Kabine. Ich musste sie sofort ablösen.

So hat jeder seine Stärken und Schwächen. Ich kann zum Beispiel beim ebenfalls beschriebenen Konsekutivdolmetschen keine Notizen machen.

Eine von dem Londoner Professor Stanton nach einem von ihm entwickelten Verfahren ausgeführte gynäkologische Operation wurde von mir über Mikrofon und Kamera im Rahmen eines Programms zur ärztlichen Weiterbildung in den Großen Hörsaal der Charité gedolmetscht. Stanton erklärte während des Eingriffs seine neue Methode. Ich stand neben ihm, sah alles aus nächster Nähe und hatte keine Probleme. Dann wurde die nächste Patientin zur OP vorbereitet. In einer kurzen Pause wanderte ich neugierig durch die benachbarten Operationssäle. Nebenan operierte der Klinikchef Professor Dr. Beier einen komplizierten Gebärmutterhalskrebs. Wir waren seit langer Zeit miteinander bekannt, denn ich hatte mehrere seiner Publikationen für englischsprachige Fachzeitschriften übersetzt. Er und seine Assistenten hatten Probleme, im richtigen Schnittwinkel an den Tumor heranzukommen. Als ich neben dem Chef auftauchte, fragte er mich mit einem verschmitzten Augenzwinkern: »Wie würden Sie hier vorgehen?« Was sollte ich als Laie darauf antworten? Durch meinen Mundschutz konnte ich nur murmeln: »Genau wie Sie, Herr Professor.«

Parasiten, Erdkruste und »Mößbauern«

Wer weiß schon, was Zerkarien sind? Wir mussten uns mit diesen unappetitlichen Parasiten vertraut machen, denn sie waren das Thema eines biologischen Symposiums im Berliner Hotel *Johanneshof*. In meiner russischen Nachbarkabine schwitzte eine anfangs sehr selbstbewusste junge Frau. In den Pausen hatte sie das große Wort geschwungen und gemeint, auch das schwierigste Thema im Griff zu haben, hatte sie doch in der Leningrader Emigration ihrem Vater bei der Übersetzung der Werke Lenins Hilfestellung geleistet. Der Vater war Wilhelm Zaisser, der erste Minister für Staatssicherheit der DDR, nach dem 17. Juni 1953 jedoch wegen »parteifeindlicher Aktivitäten« bei Walter Ulbricht in Ungnade gefallen. Auch die Tochter wurde unter der Last der Zerkarien zunehmend leiser und meinte später, Revolution und Naturwissenschaft seien eben doch zwei paar Schuhe.

Doch auch erfahrene Dolmetscher kapitulieren hin und wieder vor schwierigen Themen. Im Potsdamer Einstein-Turm erlebte ich voller Respekt wie ein angesehener älterer Kollege nach der internationalen Konferenz über rezente Bewegungen der Erdkruste das Handtuch warf und gelobte, sich nie wieder an komplizierten naturwissenschaftlichen Themen zu vergreifen. Leidenschaftliche Neugier und Interesse für alles, das sind wichtige Voraussetzungen für unseren Beruf. Dennoch muss man seine Grenzen kennen, auch wenn es weh tut. Keine Hochstapelei, das ist ein wichtiges Prinzip unseres Berufsethos.

Rudolf Mößbauer aus München war in den sechziger Jahren der jüngste Nobelpreisträger für Physik. Er hatte den nach ihm benannten Mößbauer-Effekt entdeckt, die rückstoßfreie Kernresonanzabsorption.

Dazu fand im Dresdner Rathaus eine von der *Deutschen Physikalischen Gesellschaft* ausgerichtete Konferenz statt. Zur Vorbereitung hatten wir mehrere Konsultationen mit deutschen Physikern. Auf meine Frage, was denn nun eigentlich die Bedeutung dieses Effekts sei, erhielt ich die Antwort: »Na, so konkret kann man das nicht sagen. Wir meinen, dass der Effekt irgendwann mal auch praktische Bedeutung erlangen könnte.« Ich muss gestehen, hier bekamen wir einen dunklen Fleck auf unseren ansonsten einigermaßen weißen Dolmetscherwesten. Bis zum Ende der viertägigen Konferenz haben wir uns in den Kabinen nur ans gesprochene Wort geklammert und vom Inhalt nichts als »Bahnhof« verstanden. Dabei musste natürlich kontinuierlich, also ohne Kunstpausen, gedolmetscht werden, denn die viertgrößte Sünde in der Kabine ist Schweigen. Das kommt gleich nach Lachen, Husten und Aha-Rufen. Aus aller Welt waren die knapp hundert »Mößbauern« angereist. Sie haben wie die Wilden diskutiert, nicht zuletzt auch deshalb, weil unsere wortgetreue, fast mechanische Übersetzung, wohl doch Sinn gemacht hatte. Manchmal muss man eben auch Glück haben.

Solches Glück wurde mir auch 1983 zuteil, als mir in einer Feierstunde der Kammer der Technik für 25 Jahre Simultandolmetschen bei technischen Veranstaltungen die Silbermedaille für verdiente Ingenieure verliehen wurde. Ich war bestimmt einer der wenigen Nicht-Ingenieure, wenn nicht sogar der einzige, der sich über eine solche Auszeichnung freuen durfte. Ich empfand es als eine Anerkennung unseres ganzen Berufsstandes.

Wie ein Wanderzirkus

Wien, Salzburg, Berlin, Moskau, die *Evangelische Akademie* in Tutzing am Starnberger See, an der einst Egon Bahr das Konzept »Wandel durch Annäherung« verkündet hatte, das katholische *Mercy Center* im Schatten des Wolkenkratzers von General Motors in Detroit, das *Rosemont College*, eine von katholischen Nonnen geführte Mädchenschule bei Philadelphia, und der Campus der York University von Pennsylvania waren nur einige Orte der vielen internationalen »Christen-Marxisten Symposien« in den sechziger bis neunziger Jahren. Hier kreuzten die Chefideologen zweier Welten die Klingen. Einer war der Direktor der zentralen Parteihochschule der KPdSU. Sein philosophisch und rhetorisch ebenbürtiger Gegenspieler war Pater Augustus Wetter vom Institut für Russische Religionsgeschichte an der Gregorianischen Universität, gewissermaßen die Parteihochschule des Vatikans. Pater Wetter war noch nicht allzu lange zuvor Zielscheibe massiver Angriffe in den Medien der sozialistischen Staaten gewesen. Im Zuge einer sich langsam anbahnenden Entspannung zwischen Ost und West durfte er erstmals in den Osten einreisen. Mit Pathos erklärte er auf der ersten Tagung mitten in Moskau (und wir dolmetschten mit emotionaler Anteilnahme in unserer Kabine): »Ich habe Zeit meines Lebens für den Glauben, gegen den Atheismus gewirkt und werde dies, so Gott will, bis an mein Lebensende tun. Umso mehr berührt es mich, bei meinen russischen Brüdern zu Gast zu sein.« Gastgeber – zumindest nach außen hin – war die Russische Orthodoxe Kirche. So manch einer der Delegierten aus dem Westen zeigte sich zutiefst beeindruckt von der offenbar führenden, ja allmächtigen Position der orthodoxen Kirche in der Sowjetunion. Ich durfte Pater Wetter beim Besuch der Wohnung Lenins in den Kreml begleiten.

Hier umgaben uns an hohen Wänden sämtliche Werke Lenins in allen Ausgaben. Wetter, der russisch lesen konnte, ließ sich gezielt einzelne Bände unterschiedlicher Jahrgänge reichen und pickte sich vor den leicht verlegenen Gastgebern die Stellen heraus, die auf Geheiß Stalins im Laufe der Jahre verändert oder ganz gestrichen worden waren.

Im amerikanischen *Mercy Center* wurden wir von den Dienst habenden Nonnen betreut, eine für uns absolut neue Erfahrung. Wie viele ihrer Ordensschwestern in den USA trugen sie Zivil, keine Tracht, lebten häufig sogar in eigenen Wohnungen außerhalb der Klöster und versammelten sich nur zu bestimmten Anlässen innerhalb der Klostermauern. Sie waren gebildet und dem echten Leben gegenüber aufgeschlossen. Wir saßen abends beisammen und diskutierten über Gott und die Welt. Sie durften über alles reden. Nur eines durften sie nicht: Heiraten. Mann und Familie hätten sie von ihrer eigentlichen Berufung abgelenkt. Sie waren schließlich alle mit dem Heiland verlobt. Welch ein Kontrast zu unserer sündigen Welt. Wir hatten auch nicht den Eindruck, dass sie im eigenen Land unter Kontrolle standen. Die Regeln für bestimmte religiöse Orden sind in den USA liberaler als im »Alten Europa«.

Ob dagegen unser Auftreten und unsere Äußerungen im Ausland direkt oder indirekt von der Stasi kontrolliert wurden, kann man nur annehmen. Ich bin mir aber ziemlich sicher, dass es so war. Man wusste nie, ob der Mitreisende ein IM war. An mich ist man nicht wegen inoffizieller Mitarbeit herangetreten. Ich stand sicher bei meiner Arbeit auf hoher Ebene ohnehin unter ständiger Beobachtung.

In York, Pennsylvania, waren wir eines Abends zu einem Football-Match zwischen zwei Universitätsmannschaften eingeladen. Zu Beginn ertönte die Hymne der gastgebenden Mannschaft – und wir deutschsprachigen Teilnehmer sangen aus voller Kehle kräftig mit. Die Amerikaner konnten es nicht fassen. Des Rätsels Lösung: Der englische Text war nach der Melodie »Am Brunnen vor dem Tore« komponiert.

Immer »ON AIR«

Eine ganz besondere Herausforderung waren die Simultaneinsätze bei der Berlinale. Im traditionellen *Delphi* in der Berliner Fasanenstraße musste bei den Programmen des *Jungen Films* grundsätzlich alles simultan ins Englische und Französische gedolmetscht werden. Bei deutschem Originalton war es für uns »alte Hasen« recht gut machbar, weil wir eben geschult waren, in Bruchteilen von Sekunden zu schalten und genau so schnell zu reden wie die Darsteller. Bei Filmen in Hindi, Chinesisch, Japanisch, Arabisch, Finnisch, Ungarisch und anderen »exotischen« Originalsprachen kamen wir mitunter ins Schwitzen.

Hier waren wir auf die deutschen Untertitel angewiesen, und wenn die zuweilen weiß auf schneebedecktem Hintergrund oder schwarz auf dunkelbraun erschienen, musste man nicht nur, wie immer beim Dolmetschen, gute Ohren haben, sondern auch scharf hinsehen können. Viele dieser Filme waren von hoher Qualität, jedoch keine Kassenschlager im herkömmlichen Sinn. Deshalb liefen sie für ein interessiertes Publikum fast ausschließlich in sogenanten Programmkinos.

Gewöhnungsbedürftig war und ist auch das Dolmetschen von Live-Programmen im Fernsehstudio. In der Regel ist man immer »On Air«, und alles geht sofort über den Sender. Alles, das war bei mir im ZDF, NTV,

RTL, SAT 1 und RBB die ganze Bandbreite von Direktübertragungen aus dem Weißen Haus, den schier endlosen Anhörungen von Bill Clinton zur Lewinski-Affäre, Interviews mit Woodie Allen sowie der Staatstrauerakt für Lady Diana in der Westminster Abbey, bei dem ich (seit meiner Jugend zum ersten Mal wieder) simultan das *Vater unser* mitbeten musste.

Eines Morgens wurde ich zum Frühstücksfernsehen in das Berliner RTL-Studio gerufen. Dort traf ich auf den Sohn des legendären Posträubers Ronald Biggs, in Deutschland personifiziert durch Horst Tappert (alias *Derrick)* in dem Kassenschlager *Die Gentlemen bitten zur Kasse*. Zu dolmetschen war über Konferenzschaltung nach Rio de Janeiro ein Interview mit dem berühmt, berüchtigten Vater, der, jahrzehntelang von Scotland Yard vergeblich gejagt, im brasilianischen Exil Zuflucht gefunden hatte. Inzwischen ist er aus freien Stücken nach London heimgekehrt mit der Hoffnung, in der Heimat in Frieden zu sterben.

Narrenfreiheit für die Anerkennung

Im Bestreben nach internationaler Anerkennung schlug man in der DDR mitunter kuriose Kapriolen. Im Jahre 1976 wurde das beschauliche Thüringer Städtchen Mühlhausen Schauplatz der diesmal von der Berliner Akademie der Wissenschaften ausgerichteten Pugwash-Konferenz. Diese Konferenz nahmhafter Wissenschaftler wurde als Reaktion auf das Russell-Einstein-Manifest aus dem Jahre 1955 erstmals im Juli 1957 in der kanadischen Stadt Pugwash veranstaltet. Die Welt vor den Gefahren des Atomzeitalters zu warnen und das Bekenntnis der Wissenschaft zur friedlichen Nutzung der Kernenergie sind seitdem die Anliegen der alljährlich stattfindenden Konferenz. Die Initiatoren und Sponsoren waren der britische Philosoph Bertrand Russell und der amerikanische Industrielle Cyrus Eaton. Die *Vereinigung Deutscher Wissenschaftler* (VDW) ist die deutsche Sektion der Organisation, die 1995 mit dem Friedensnobelpreis ausgezeichnet wurde. Neben vielen anderen Prominenten aus aller Welt waren zwölf Nobelpreisträger angereist, darunter Lord Noel Baker, ehemals britischer Vertreter bei den Vereinten Nationen und Mitautor der UN-Charta, bei uns Dolmetschern gefürchtet als der schnellste Redner auf den UN-Vollversammlungen. Ihm wurde ich zur Seite gestellt. Monatelang war saniert, geputzt, gemalert und asphaltiert worden. Die Schaufenster waren voll mit schönen Dingen, bis dato unbekannt in der meist stark vernachlässigten DDR-Provinz. Ich war als Dolmetscher mit eigenem Auto angereist und erhielt als erstes für die Windschutzscheibe ein großes »Pugwash«-Schild. Dergestalt geschmückt hatte man Narrenfreiheit und konnte (auch leicht alkoholisiert) von der falschen Seite in eine Einbahnstraße einfahren, vorbei an salutierenden und mich durchwinkenden Verkehrspolizisten.

In der großen ehemaligen Sowjetunion gab es, zumindest nach meinen Erfahrungen, fast nur Superlative, positiv, wenn sich Staat und Partei der Weltöffentlichkeit präsentieren wollten, bedauerlicherweise aber negativ im alltäglichen Leben. Als ich im Dezember 1960 zu den sechs Auserwählten gehörte, die im gerade erst eröffneten neuen Kremlpalast bei einem Weltgewerkschaftskongress die deutschsprachigen Teilnehmer simultan bedolmetschen durften, erlebten wir beide Arten dieser Superlative. Der Kongresspalast war überwältigend ausgestattet, die sage und schreibe 28 Dolmetscherkabinen für achtzehn Sprachen ebenfalls. Unsere Unterbringung in einem Fünfbettzimmer ohne Dusche und WC, jedoch mit einem kleinen Zinkausguss und Kaltwasserhahn und auf dem Flur einer stets wachsamen *Dijurnaja* war etwas weniger beeindruckend. Eine *Dijurnaja* gab es zu Sowjetzeiten in vielen Hotels. Sie war eine gefürchtete Respektperson und hatte von ihrem am Zugang zur Etage platzierten Kontrolltisch aus dafür zu sorgen, dass kein Unbefugter in ihre Etage »eindringt«, auch kein Hotelgast aus einem anderen Stockwerk. Wir Gäste konnten uns also absolut sicher fühlen, denn wir waren unter ständiger Bewachung.

Geübt im Verdrängen von negativen Erscheinungen gingen wir schwungvoll und mit preußischer Disziplin an die Arbeit. Die deutsche Kabine war mit fünf Dolmetschern besetzt, für Russisch, Englisch, Französisch, Spanisch und Arabisch. Alle mussten ständig in den Startlöchern hocken und sich blitzschnell zum Mikrophon durchschlängeln, sobald unten im Saal »ihre« Sprache ertönte.

Für das Russische war Aljoscha zuständig, ein immer fröhlicher, rothaariger sibirischer Bär von muskelbepackter Statur, zwei Meter im Quadrat. Er war Germanist und hatte an der Sowjetischen Akademie der Wissenschaften promoviert. Sein für uns einfache Dolmetscher haarsträubendes Thema: »Der Gebrauch des Konjunktivs in den Werken von Heinrich Heine«. Die deutsche Sprache war seine große Leidenschaft. Er lief ständig mit einem gezückten Notizbuch durch die Gegend. Jedes für ihn neue deutsche Wort, jede in der Unterhaltung hingeworfene deutsche Redewendung wurde sofort notiert. Doch für das Konferenzdolmetschen war er nervlich denkbar ungeeignet. Missbrauchte ein deutschsprachiger Redner das Podium, um mit der eigenen Muttersprache schlampig umzugehen (was ja öfter vorkommt als einem lieb ist), so traten ihm Schweißperlen auf die Stirn. Einmal drückte er gar die Räuspertaste, um die Übertragung zu unterbrechen und stöhnte: »Die schöne deutsche

Sprache – so verschandelt ...«, ein weiterer Beweis dafür, dass Philologie und Dolmetschen zwei verschiedene Dinge sind. Einige Jahre später bei einer Konferenz im Leningrader Smolny hatte er es begriffen und war hörbar ruhiger geworden.

Nichtsdestotrotz war der Moskauer Einsatz ein nachhaltiges Erlebnis. Wir wurden Zeitzeugen (und Dolmetscher) der sensationellen Rede von Nikita Chruschtschow, der unseren Weltkongress zum Anlass nahm, den Bruch mit Enver Hoxhas Albanien zu verkünden, dem kleinen, stolzen, nach wie vor stalinistisch geprägten Land, das sich Tage zuvor vom »großen Bruder« ab- und Maos China zugewandt hatte. Noch am gleichen Tage kursierte in der Sitzungspause die Meldung, Albanien würde großzügig auf eine Kriegserklärung gegen die UdSSR verzichten, weil das eigene Territorium zu klein wäre, die vielen russischen Kriegsgefangenen unterzubringen.

Zweihundert Papageienarten

Bei aller Bescheidenheit, gibt es überhaupt ein anderes Gewerbe, bei dem man tagtäglich mit so unterschiedlichen Aufgaben konfrontiert wird wie beim Dolmetschen? Die Grundlage für die Berufsausübung ist ein vier- bzw. fünfjähriges Hochschulstudium. Zu den bekanntesten Ausbildungsstätten gehören die Institute in Germersheim, Leipzig, Wien, Genf und Moskau. Die sogenannten Quereinsteiger aus anderen Fachbereichen, wie der Autor dieses Buches, müssen die in der Praxis erworbene Erfahrung in einer staatlichen Prüfung nachweisen. Man steht immer wieder vor neuen Herausforderungen. Vieles davon ist bereichernd, so manches auch amüsant.

Selbst in den dunkelsten Tagen des Kalten Krieges gab es einige Berufsgruppen, die über die Ost-West-Grenzen hinweg ständig beruflich und oft auch persönlich auf Tuchfühlung blieben. So auch die Dolmetscher, die dieses Privileg nutzen konnten. Eine andere Berufsgruppe, die den Dialog pflegte, pflegen musste, war die Gilde der Zootierärzte. An einem Frühlingstag im Jahr 1958 fand sich in Aachen ein kleines Häuflein von Veterinärmedizinern zum Fachsimpeln zusammen. Die Initiatoren waren ein Hofrat aus Wien, Direktor des Schönbrunner Tiergartens, Professor Klös, der gerade erst berufene Direktor des Westberliner Zoologischen Gartens und Professor Dathe, Gründer und Chef des knapp vier Jahre alten Tierparks in Ostberlin. Die Teilnehmer waren nach alter Tradition durchweg für die Betreuung von Pferden, Kühen, Schafen oder auch Hunden, Katzen, Goldhamstern und Kanarienvögeln ausgebildet worden, also Nutz- oder Heimtieren, bei denen zur Diagnose und Behandlung meist noch ein menschlicher Halter mit Rat und Informationen Hilfestellung leisten konnte. Was aber war bei Elefanten, Löwen, Nilpferden und Pavianen zu tun? Deren Lebensumstände in freier Wildbahn und auch in Gefangenschaft und damit auch ihre Krankheitsbilder und Symptome waren weitgehend unerforscht und doch aus ökologischen und auch ökonomischen Gründen so bedeutsam, besonders wenn man bedenkt, dass immer mehr Tierarten vom Aussterben bedroht sind und ein zuchtreifer Elefantenbulle in der Regel nicht unter 40 000 Mark zu haben war.

Das erste Zusammentreffen in Aachen wurde zum Zündfunken für ein langfristiges Projekt. Man beschloss, ein Jahr später wieder zusammenzukommen, und zwar diesmal im Ostberliner Friedrichsfelde – ein diplomatischer Ausgleich im Zeitalter des Kalten Krieges. Das *Internationale Symposium über die Erkrankungen von Zoo- und Wildtieren* wurde fortan im Ost-West-Pendel quer durch Europa und Nordafrika zu einer festen Institution. In der Wissenschaft entstand, von Professor Klös aus der Taufe gehoben, ein neuer Fachbereich, die Spezialisierung als Zootierarzt. Über vier Jahrzehnte hinweg kamen alljährlich bis zu dreihundert Zootierveterinäre aus aller Welt, u.a. aus Brasilien, Japan, Saudi Arabien, den USA. Die Initiatoren blieben dieselben, Ost- und Westberlin und Wien. Nun wurde es zu einer wahrhaft internationalen Veranstaltung, und es mussten Dolmetscher her. Das war eine schwere Geburt, denn zur breit gefächerten medizinischen Terminologie kam die Zoologie. Es gibt allein zweihundert Papageienarten, jede mit eigenem Namen. Wer da dachte, alle Übersetzungen wären einfach, da man ja den lateinischen Namen benutzen könne, wurde ganz schnell eines Besseren belehrt. Die ersten Versuche mit jeweils vor Ort angeheuerten Dolmetschern gingen sprachlich daneben. Aus der zu bedolmetschenden Humanmedizin kommend, wurde ich Anfang der siebziger Jahre angesprochen und stellte eine Mannschaft für Deutsch, Englisch und Französisch zusammen.

Wörterbücher speziell für Zoo- und Wildtiere habe ich auf Dolmetscheinsätzen diesseits und jenseits des Atlantik vergebens gesucht. Doch das Gute liegt zuweilen nah. Bei einem Besuch des Frankfurter Zoos hatte ich ein unvergessliches Treffen mit dem legendären Professor Grzimek, den wir alle bis dahin nur aus seiner Fernsehserie *Ein Platz für Tiere* kannten. Der Professor war zwar einen Kopf kleiner als ich, klopfte mir dennoch jovial auf die Schulter und meinte: »Junger Mann, schauen Sie mal in *Grzimeks Tierleben*.« Das waren sechzehn Bände, mit jeweils 1200 Seiten im Format DIN A4. Die letzten 200 Seiten in jedem der Folianten enthielten ein Glossar in Latein, Deutsch, Englisch, Französisch, Spanisch und lückenhaft auch Russisch mit den Namen aller bis dato entdeckten tierischen Lebewesen, von der Amöbe über den Kleinkantschil (was das wohl sein mag) bis zum Elefanten und Buckelwal. Für einen Spottpreis erhielten wir von der Berliner Staatsbibliothek Fotokopien der uns jeweils interessierenden Spalten und stellten uns für unsere Arbeit ein einmaliges Glossar zusammen.

In Frankfurt erlebten wir das damals in Europa einmalige Nachttierhaus und im holländischen Arnheim die weltweit erste voll verglaste Anlage für Orang-Utans.

Die beiden Berliner Zoos hatten bei all den Unternehmungen nach wie vor den Hut auf. Der über hundert Jahre alte Zoo in Charlottenburg beherbergt etwa 15000 Tiere von 1500 Arten. Dem überaus rührigen Zoodirektor Klös war in den siebziger Jahren ein Husarenstreich gelungen. Dank seiner höchst nützlichen Beziehungen zu den Oberen in Ost und West gelang es ihm, die Westberliner Stadtväter davon zu überzeugen, dass das frühere Botschaftsviertel im angrenzenden Tiergarten in unserem Leben sicher eine Brache bleiben würde und die cirka dreißig Hektar deshalb doch besser dem Zoo einverleibt werden sollten, weil dieser dank seiner zentralen Lage ohnehin aus allen Nähten zu platzen drohte. So ausgedacht, geplant und geschehen. Und wenn heute in der unverhofft wiedervereinigten deutschen Hauptstadt einige Botschafter aus dem Fenster schauen, so blicken sie dort, wo sie früher mal ihre Gartenparties veranstaltet hatten, auf Hirsche, Wisente und Zebras.

Die engen Kontakte zwischen den Zootierleuten aus Ost, West, Nord und Süd hatten auch ökonomische Effekte. Das im Krieg zerstörte und in den sechziger Jahren neu gestaltete Elefantentor stammt aus der Sächsischen Schweiz, für die Wessis ein Schnäppchen, für die damalige DDR ein lohnendes Devisengeschäft.

Zoos und private Tierhalter aus der ganzen Welt

pflegten über Jahrzehnte hinweg ihre verstorbenen exotischen Lieblinge in das dem Ostberliner Tierpark benachbarte Institut für Zoo- und Wildtierforschung zur Obduktion einzusenden. Das Institut (IZW) nahm dafür kein Honorar, durfte aber die Kadaver zur eigenen wissenschaftlichen Forschung behalten. So entstand ein in der Welt einmaliger Fundus von etwa 30 000 Präparaten. Ich hatte auch dort zu dolmetschen und zu übersetzen. Einmal begegnete mir ein konservierter Hund, der garantiert nie im Leben geraucht hatte und doch an Lungenkrebs verendet war. In einer anderen Kühltruhe lagerten »abgenutzte« Elefantengebisse. Ich lernte, dass die Bissflächen bei Elefanten ein Leben lang nachwachsen, bis das im hohen Alter einmal aufhört. Dann kann der Elefant keine Nahrung mehr zu sich nehmen und muss, falls er nicht vorher anderweitig zu Tode kommt, elend verhungern.

Besonders kurios war das Schicksal einer Schlange aus einem privaten Westberliner Terrarium. Sie war dem Halter so lieb und teuer, dass er ihr nur die leckersten Bissen zum Futtern vorsetzte, dazu noch kalkhaltige Präparate, die ja so gesund sein sollten, dass man sie auch Säuglingen in die Nahrung gab. Die liebe Schlange reagierte jedoch undankbar. Das Kalkpräparat führte zur Rückratversteifung. Sie konnte sich nicht mehr ringeln und schlängeln. Ohne diese typischen Schlangenbewegungen kann eine Schlange jedoch keine Nahrung aufnehmen. Sie war zum Leidwesen der Hinterbliebenen ganz einfach verhungert. Wieder eine neue Erkenntnis, auch für den indirekt involvierten Dolmetscher.

Diener der Großen – Dolmetschen auf gehobener und höchster Ebene

Sächsisch in Preußen

Ungeachtet meines in der DDR nicht unbedingt geschätzten Status als Freiberufler wurde ich allmählich, aber immer häufiger auf höheren und höchsten Dolmetscherebenen eingesetzt. Zum 20. Jahrestag des »Arbeiter- und Bauernstaates« durfte ich im Oktober 1969 einen prominenten südafrikanischen Anti-Apartheid-Politiker betreuen, einen der im Exil lebenden Vertreter des seit zwei Jahrzehnten eingekerkerten Nelson Mandela. Vor dem gerade erbauten Staatsratspalast am Marx-Engels-Platz, dem früheren und heutigen Schlossplatz, fuhren in dichter Folge die Tschaika-

und Tatra-Staatskarossen vor. Einige hundert Ehrengäste stiegen an salutierenden NVA-Wachen vorbei die große Freitreppe empor, zum Galaempfang mit reich gedeckten Tischen im großen Festsaal. Nach den Festreden und der DDR-Hymne kam es zu einigen protokollarisch mit Akribie vorbereiteten Begegnungen mit dem Staatsratsvorsitzenden Walter Ulbricht. Der überschüttete meinen Ehrengast mit Komplimenten, weil doch »der Sudan drauf und dran war, die DDR diplomatisch anzuerkennen und überhaupt von einem ‚fortschrittlichen' Staatspräsidenten, nämlich (dem späteren Kommunistenfresser) Nimeri regiert wird«. Mir lief zunächst ein kalter Schauer über den Rücken. Wie sollte ich das verfehlte Lob auf den Sudan meinem südafrikanischen Schützling beibringen? Eine Ewigkeit von zwei Minuten lang umschiffte ich das Dilemma und vermied in meiner Übersetzung die konkrete Nennung des gepriesenen Landes, bis der hinter Ulbricht stehende Erich Honecker seinen Chef leicht antippte und flüsterte: »Der ist doch nicht aus dem Sudan, sondern aus Südafrika.« »Nu ja, nu ja«, war die herrlich sächsische Reaktion, »is ja auch een scheenes Land.« Eiserne Ruhe und stählerne Nerven sind auf hoher Ebene unentbehrlich. Man darf als Dolmetscher nie in Panik verfallen, vor allem dann nicht, wenn oft viele wichtige Leute mithören, sich Notizen machen und meinen, eine so »einfache« Sprache wie die englische mindestens ebenso gut zu beherrschen wie der Dolmetscher.

Über Ulbricht wurde viel gespottet und gelästert. Sein für uns Berliner Lokalpatrioten nervender sächsischer Dialekt (Spötter bezeichneten Sachsen als fünfte Besatzungsmacht) versperrte den Blick auf die Persönlichkeit. Sein jahrelanger enger Mitarbeiter Professor Dr. Herbert Graf, mit dem ich viele Jahre später als Dolmetscher zusammenarbeiten durfte, berichtet in seiner Autobiografie, wie sein Chef Ulbricht im Konflikt mit

Albert Norden im Office des sudanesischen Staatspräsidenten Gaafar Muhammad Nimeri in Khartum

der sowjetischen Führung unter Breschnew eine gleichberechtigte Zusammenarbeit mit der UdSSR anstrebte und sich gegen ein Diktat Breschnews auflehnte. Deshalb wurde er gestürzt.

Ruhe und Nerven waren auch auf einem meiner vielen Flüge nach Äthiopien gefordert, als die Sondermaschine von Wolfgang Rauchfuß, Stellvertreter und Schwiegersohn von Willy Stoph, Vorsitzender des DDR-Ministerrates, bei strahlendem Sonnenschein auf dem Flughafen von Tiflis zur Zwischenlandung ansetzte. Der Umweg über die damals noch georgische Sowjetrepublik war erzwungen, weil der hoch gelobte Präsident Nimeri mal wieder die Überfluggenehmigung über den Sudan verweigert hatte.

Wie immer in vergleichbaren Situationen begab ich mich nach vorn zum Chef, denn meine Arbeit begann normalerweise bereits auf der Gangway. Unsere TU 134 rollte aus, und wir sichteten durchs Fenster ein würdevolles Empfangskomitee, an der Spitze der damalige Parteichef Georgiens Eduard Schewardnadse. Ich erlaubte mir die Bemerkung: »Wie ein Russisch-Deutsch-Dolmetscher sieht aber keiner von denen aus.« Die Antwort: »Na, dann wirst du dir eben mal Mühe geben.« Als ob ich das nicht immer getan hatte. Als ehemaliger Westberliner hatte ich aber zu keiner Zeit Russisch als Schulfach gehabt, von Georgisch ganz zu schweigen. Als Student hatte ich jedoch an der Hallenser Uni einen Intensivkurs besucht, weil mich die Sprache Tolstois, Dostojewskis und Gorkis interessierte.

Gemessenen Schrittes stiegen wir die Gangway hinab, dem russisch parlierenden Empfangskomitee entgegen. Die Begrüßung bekam ich noch einigermaßen über die Bühne. Im Wagen Nummer Eins der am Rollfeld wartenden Autokavalkade musste ich als Englisch- und nicht Russischdolmetscher mit meinen wenigen Russischbrocken Schewardnadse gegenüber Farbe bekennen. Ungewöhnlich locker lenkte er das Gespräch auf das Wetter und andere triviale Themen, bei denen ich gerade noch mithalten konnte. Am pompösen Gästehaus angekommen, hoch über der malerischen Stadt und Landschaft, stürzten sich verzweifelte Protokollbeamte auf mich, weil sie fürchteten, ohne Dolmetscher sei es zu einer diplomatischen Katastrophe gekommen. Wir waren aber noch mal gut davon gekommen.

Ein Aktenkoffer und Schmuggelgeld

Ende der sechziger, Anfang der siebziger Jahre herrschte nach langer Ruhe wieder einmal eine größere Finanzkrise in der westlichen Welt. Das britische Pfund purzelte von elf Mark zehn auf drei Mark dreißig, und auch der US-Dollar sank auf die Hälfte seiner ursprünglichen Notierung. Diese Turbulenzen hatten nicht zuletzt Auswirkungen auf die Außenwirtschaftsbilanzen der DDR. Um diese konkreter analysieren zu können, wurde Dr. Grete Wittkowski, die Präsidentin der Staatsbank und Stellvertreterin des Ministerpräsidenten der DDR, auf Reisen geschickt. Sie war nicht nur Expertin in Sachen Finanzen, sondern sprach nach jahrelangem Exil in Großbritannien während der Nazizeit auch ein gepflegtes Englisch. Eigentlich brauchte sie keinen Dolmetscher, aber sie legte Wert auf feinste sprachliche Nuancen denn auf ihrem Programm standen diffizile Gespräche unter anderem mit führenden Bankern und dem Finanzminister Indiens. Und weil sie sich bei diesen Gesprächen voll auf die Sache konzentrieren und nicht durch linguistische Spitzfindigkeiten ablenken lassen wollte, bat sie mich um sprachliche Hilfestellung. Neben den Begegnungen auf hoher staatlicher Ebene sind mir zwei nicht ganz alltägliche Episoden bis heute in Erinnerung geblieben. Auf dem Flug von Bombay nach Kairo war wegen außergewöhnlich starker Herbststürme im Mittelmeerraum eine zunächst nicht geplante Zwischenlandung in Beirut erforderlich. Da saßen wir nun im Transitraum des Flughafens. Draußen tobte der Sturm. Die Wellen peitschten hoch. An den Weiterflug war zunächst nicht zu denken. Auf unseren telefonischen Hilferuf zur DDR-Botschaft erhielten wir die resignierende Antwort: »Die Uferstraßen der libanesischen Hauptstadt sind total überschwemmt. Zum Flughafen ist kein Durchkommen. Also Ausharren und auf besseres Wetter warten.« Wir hatten Hunger und Durst, aber kein Geld, denn Bargeld war auf solchen offiziellen immer allseitig betreuten Reisen kaum erforderlich. Außerdem waren Devisen im gesamten Ostblock strengstens bewirtschaftet. Kreditkarten kannte man im Osten nur vom Hörensagen. Meine Chefin auf Zeit war die oberste Devisenhüterin des Staates, hier im fernen Libanon jedoch macht- und mittellos. Da gab ich ihr zu verstehen, dass ich als vielgereister Dolmetscher für Notfälle immer ein paar Schmuggeldevisen in der Tasche hatte, zu Hause ein strafbarer Tatbestand. Zuerst traf mich ihr strafender Blick, aber dann ein verzeihendes Lächeln. Für mich war es eine große Ehre – und eine kleine Genugtuung der Finanzgewaltigen der Regierung ein Kännchen Kaffee, einen Korb Obst und ein paar belegte Fladenbrote spendieren zu dürfen. Die illegalen Devisen hat man mir später sogar erstattet.

Stunden später kam endlich die meteorologische Entwarnung und die Freigabe zum Weiterflug. Da aber der Zeitplan und die Kommunikation völlig durcheinander geraten waren, empfing uns auf dem Kairoer Flughafen nicht, wie erwartet, der Generalkonsul der DDR. Es empfing uns niemand. Wohl oder übel bestiegen wir eines der auf dem Vorplatz parkenden Taxis, etwas klapprig und ohne Scheibenwischer, weil im Verkehrschaos der ägyptischen Hauptstadt nur zwei Dinge wirklich wichtig sind, Hupe und Bremse. Für »meine« Staatsbankpräsidentin sicher eine ganz neue Erfahrung. Im Diplomatenviertel *Dokki* angekommen, wurde der Fahrer von einem Konsularbeamten entlohnt, und wir waren endlich im wahrsten Sinne des Wortes im Trockenen. Nach der ersten herzlichen Begrüßung wurde Grete Wittkowski plötzlich leichenblass. In der ganzen Aufregung und Erschöpfung der letzten Stunden hatte sie im Taxi ihren Aktenkoffer vergessen, von dem sie sich auf der ganzen Reise nie getrennt hatte.

Der Verlust der Dokumente wäre ihr zu Hause teuer zu stehen gekommen. Was tun? Die Kairoer Polizei anzurufen, wäre ausgegangen wie das Hornberger Schießen. In Kairo schwirrten damals offiziell 5000 Taxis durch ebenso viele Straßen und unübersichtliche Gassen – die »inoffiziellen« Rostlauben nicht mit-

Wolfgang Ghantus (1.v.l.) dolmetscht in Neu Delhi für Dr. Grete Wittkowski (3.v.l.), Präsidentin der Staatsbank der DDR

gezählt. Mitten in die hektischen Überlegungen der sichtlich aufgeregten Diplomaten platzte ein Anruf von der Eingangswache: »Hier steht ein Taxifahrer mit einem Aktenkoffer.« Ein Wunder! Die Angst löste sich in Wohlgefallen auf. Der ehrliche Finder – in Kairo eine nicht gerade alltägliche Erscheinung – erhielt auf Staatskosten mit zehn ägyptischen Pfund eine für damalige Verhältnisse fürstliche Belohnung. Der Aktenkoffer war nicht von »Unbefugten« geöffnet worden. Die mit »streng vertraulich« gestempelten Akten waren gerettet.

⅄ ⅄ ⅄

Wie sich die Zeichen gleichen! Kurze Zeit später entdeckte ein nicht namentlich zu nennender DDR-Minister in, gelinde gesagt, gesetztem Alter nach der

Landung in Kairo kurz vor dem Schlafengehen in seiner Fünf-Sterne-Suite, dass auch sein persönlicher Aktenkoffer verschwunden war. Dieser enthielt jedoch keine geheimen Staatspapiere, sondern lebenswichtiges Insulin. Gemeinsam mit dem Protokollchef des ägyptischen Partnerministeriums rasten wir kreuz und quer durch das nächtliche Kairo zurück zum Flughafen und erhielten Zutritt zur Gepäckhalle, dem Zollspeicher sowie allen anderen möglichen und unmöglichen Bereichen. Vergeblich. Zurück zum Stadtzentrum. Mitternacht war längst vorbei. Gegen zwei Uhr nachts hielten wir vor dem Stadtbüro der staatlichen Luftlinie *Misr Air*, gegenüber dem alten Opernhaus, in dem hundert Jahre zuvor anlässlich der Einweihung des Suezkanals Verdis *Aida* uraufgeführt worden war. Unsere letzte Hoffnung war, vielleicht noch einen Mitarbeiter der Nachtschicht anzutreffen. Wir trafen jedoch nur drei in Leinenfetzen »gekleidete« ausgemergelte Gestalten, die den gefliesten Boden der noch voll erleuchteten Schalterhalle schrubbten. In der Mitte der Halle, zwischen trüben Pfützen und Wischtüchern stand einsam der gesuchte Aktenkoffer. Nur Allah weiß, wie der dahin gekommen war. Wir jedenfalls waren gerettet und konnten bis zum intensiven Programm des nächsten Tages noch eine Mütze Schlaf nehmen.

⅄ ⅄ ⅄

Immer wieder Ägypten. Der letzte Tag eines Regierungsbesuches war angebrochen. Die Sonne stand bereits hoch am Himmel über dem träge dahin fließenden Nil. Es war Mai, in Ägypten nicht unbedingt ein Wonnemonat. Nach dem Ende des »Hamsin« (arab. fünfzig), dem fünfzig Tage währenden Wüstenwind, der den fast abrupten Übergang vom »Winter« in den Sommer einleitet, war es schon frühmorgens drü-

Interview mit dem Parlamentspräsidenten von Sierra Leone auf einem Nildampfer 1962 in Kairo

ckend heiß. Die Schlagzeilen der Morgenblätter waren von einem schrecklichen Ereignis beherrscht. Am Vortag hatte der Flug einer Caravelle zur feierlichen Eröffnung der Direktflugstrecke Kairo-Karatschi mit dem Absturz unmittelbar nach dem Start gleich hinter den Pyramiden von Gizeh ein grausames Ende im Wüstensand gefunden. Keiner hatte die Katastro-

Blick über den Nil, im Hintergrund das »Nile Hilton« und das Fernsehzentrum

phe überlebt. Die Autokolonne unseres Ministers war auf dem Weg zum Flughafen. Nach der offiziellen Verabschiedung sanken wir entspannt in die Sitze der ägyptischen Propellermaschine sowjetischer Bauart, blickten dennoch mit Schrecken auf die Unglücksstelle, die wir soeben überflogen, gingen dann aber auf Kurs nach Larnaka auf Zypern, um dort in eine *Interflug*-Maschine nach Berlin umzusteigen. Der Direktflug Kairo-Berlin war gerade erst in einer feierlichen, zu dolmetschenden Zeremonie vertraglich vereinbart worden.

Wir überflogen die Pyramiden, das üppig grüne Nildelta und Alexandria, die zweitgrößte Metropole des Landes, und schwebten nun über dem Mittelmeer, tiefblau und in gleißender Sonne mit weißen Wellenkrönchen betupft, wie es auf der kitschigsten Postkarte nicht schöner gemalt sein konnte. Nach einer Weile zeigte sich links in Flugrichtung ein Landstreifen. Stellt man sich die Landkarte vor, dann musste es eigentlich die Küste Israels sein. Bedenkt man die seit Jahrzehnten in Nahost vorherrschenden politischen Spannungen, so gab es nur drei mögliche Erklärungen: Entweder der ägyptische Pilot war versehentlich vom Kurs abgekommen oder er wollte desertieren oder es waren Flugzeugentführer im Spiel. Nichts von alledem. Der uns zugeteilte Steward ließ uns wissen, dass sich ein winzig kleiner technischer Defekt gezeigt hatte, vollkommen ungefährlich. Aber da man hochrangige Gäste an Bord hatte, war über Funk aus Kairo die Anweisung zur Umkehr gekommen, um auch das geringste Risiko für Seine Exzellenz auszuschließen. Also wieder Alexandria, das Delta, die Pyramiden, die Wüste mit dem Wrack der am Vortag abgestürzten Caravelle und dann das unendliche Häusermeer Kairos. Das war völlig unerklärlich, lag der Flughafen doch im Norden der Hauptstadt. Der Pilot flog eine Riesenschleife, wieder Wüste, wieder Pyramiden, dann wieder Kairo und immer tiefer. Ein Blick durchs Bullauge auf die Tragflächen und wir bildeten uns ein, dass sich die Propeller immer langsamer drehten.

Wir hatten ein mulmiges Gefühl im Magen. Mein Sitznachbar, ein Luftfahrtexperte, ein Urberliner, schnaufte vor sich hin: »So is det imma beim Fliejen. Erst passiert ewig überhaupt nischt, und denn jeht's uff einmal Schlag auf Schlag. Jestern die Caravelle und heute wir.« Nach diesem beruhigenden Kommentar schaffte der Pilot endlich doch noch eine glatte Landung. »Bitte alle aussteigen und alles Handgepäck mitnehmen«, bat der Steward. Die Tür wurde geöffnet. Wir traten hinaus, und es bot sich ein absurdes Bild. Die gleichen Honoratioren, die uns kurz zuvor feierlich verabschiedet hatten, standen wieder mit Blumen vor der Gangway und hießen uns mit vollendeter arabischer Förmlichkeit willkommen. In einem geräumigen Saal des Terminals erwartete uns eine üppig gedeckte Tafel mit allen Köstlichkeiten des Orients. Essen und Trinken sind die beste Medizin gegen Traumata verschiedener Art. Ich hatte meinen Platz zwischen meinem etwas erschöpften, leicht genervtem Chef und dem Kommandanten des Flughafens. Auf die Frage, was denn eigentlich passiert sei, kam die Antwort: »Überhaupt nichts Schlimmes, kaum der Rede wert.« Es hatte lediglich eines der Messinstrumente nicht richtig angezeigt.

Wir hatten auch einen Fernsehreporter in unserer Delegation. Dem fiel plötzlich ein, dass er beim Aussteigen eine wichtige Filmkassette in der Maschine vergessen hatte. Der Flughafenchef gestattete ihm, diese in meiner Begleitung zu holen. Rechts und links von zwei Wachsoldaten mit aufgepflanztem Bajonett eskortiert, liefen wir über die Rollbahn auf die Maschine zu, in der ja nur ein Messinstrument nicht richtig getickt hatte. Das Flugzeug war nicht wieder zu erkennen. Auf Rumpf und Tragflächen hockte ein Dutzend Mechaniker. Sie schraubten und hämmerten, was das Zeug hielt. Nach gut einer Stunde war alles wieder startbereit. Wir starteten in derselben Maschine und waren heilfroh, als wir nach Stunden in Larnaka landeten.

⅄ ⅄ ⅄

Meine Arbeit als Journalist und als Dolmetscher spielte sich immer häufiger vor dem Hintergrund weltpolitischer Ereignisse ab und wurde von diesen nachhaltig beeinflusst. Nach den Turbulenzen der fünfziger Jahre und der mühsam gelungenen »Befriedung« der Gemüter folgte eine Periode der relativen Entspannung und Konsolidierung, in der sich die Politik wieder stärker auf den Kampf um die internationale Anerkennung der DDR konzentrierte – nicht zum Nachteil unseres Berufsstandes.

Internationale Konferenz der UN-Apartheid-Kommission, 1973 in Berlin – zum ersten Mal in der Nachkriegsgeschichte arbeiten zwei DDR-Dolmetscher für die UNO

So war es gelungen, noch vor der Aufnahme der DDR in die Organisation der Vereinten Nationen eine Konferenz der UNO-Apartheid-Kommission nach Berlin zu holen. Deutsch war und ist bis heute zwar noch keine offizielle Arbeitssprache der Weltorganisation, wurde aber als Geste gegenüber dem Gastland für die

Romesh Chandra, Generalsekretär und später Präsident des Weltfriedensrates, 1973 in Berlin (Autor dolmetscht ein Interview mit einem Redakteur der »Wochenpost«)

Tagung am Berliner Alexanderplatz zugelassen. So kam es, dass ich gemeinsam mit einer Berliner Kollegin zu den ersten DDR-Dolmetschern gehörte, die für die UNO dolmetschen durften. Wir wurden dem aus New York angereisten Team von Original-Muttersprachlern, Engländern, Amerikanern, Franzosen, Spaniern, Russen und Chinesen beigeordnet und besetzten die deutsche Kabine.

⅄ ⅄ ⅄

Die Regierung in Prag hatte es geschafft, eine Tagung des *Club of Rome* in die Goldene Stadt zu holen. Wieder saß ich in der Kabine und dolmetschte unter anderem für den berühmten Norweger Thor Heyerdahl. Es folgte eine internationale Konferenz im bereits gespaltenen Nikosia mit einem zu dolmetschenden Empfang beim zypriotischen Staatsoberhaupt Erzbischof

Makarios. In angenehmer Erinnerung bleibt mir nach Abschluss einer Tagung, wieder in Warschau, ein feuchtfröhlicher Abend in kleinem Kreis mit einem stets verschmitzt dreinblickenden, von Geist und Witzen sprühenden von der Statur her kleinen und doch so prominenten älteren Herrn, Pastor Martin Niemöller, der als Vertreter der Bekennenden Kirche dem Naziregime standhaften Widerstand geleistet und Verfolgung und KZ überstanden hatte.

Viele der genannten Veranstaltungen in Nord-, Mittel- und Südamerika, Afrika, Asien sowie kreuz und quer durch Europa, bei denen wir Simultandolmetscher mitwirkten, waren vom Weltfriedensrat ausgerichtet, fast immer auch unter aktiver Mitwirkung der DDR. Zum Präsidenten des Weltfriedensrates war im Jahr 1977 der Inder Romesh Chandra gewählt worden. Als sein über viele Jahre zugeordneter Dolmetscher habe ich ihn ständig begleitet. An seiner Seite habe ich nicht nur vertrauliche Gespräche mit Politikern und Kirchenfürsten gedolmetscht, sondern auch Live-Sendungen in Funk und Fernsehen und auf Großveranstaltungen, zum Beispiel vor 3000 Menschen im Berliner Friedrichstadtpalast. Das war nicht simultan, sondern wieder einmal sogenanntes Konsekutivdolmetschen vorn am Rednerpult im Scheinwerferlicht auf der Bühne. Chandra hatte eine persönliche Ausstrahlung, die mich an Mahatma Gandhi erinnerte. Für ihn zu dolmetschen war ein Vergnügen. Er war ein hervorragender, die Zuhörer und auch den Dolmetscher mitreißender Rhetoriker. Wie bei jedem Konsekutivdolmetschen musste ich während der Rede zwar viel im Kopf speichern, weil ich mir gegen alle Regeln nie Notizen machte. Aber mit zwingender Logik und kristallklarer Diktion vermochte er selbst komplizierte Zusammenhänge einleuchtend darzustellen. Er war eine schillernde Figur der internationalen Politik in der zweiten Hälfte des 20. Jahrhunderts, hatte im

Sinne von Mahatma Gandhi und Jawaharlal Nehru einen aktiven Beitrag im Ringen um die Unabhängigkeit Indiens geleistet und stand als Präsident des Weltfriedensrates in der Traditionslinie des Gründers und Atomphysikers Frédéric Joliot-Curie (1950–1958), des britischen Physikers John Desmond Bernal (1959–1965) und der belgischen Parlamentsabgeordneten und Frauenrechtlerin Isabel Blum (1965–1969). Die Abschiedsrede von Professor Bernal durfte ich 1965 in Helsinki dolmetschen.

⅄ ⅄ ⅄

Wir waren wieder auf großer Fahrt oder besser Flug, ich als Dolmetscher einer nicht ganz, aber ziemlich hochgestellten Persönlichkeit der DDR, immerhin hoch genug, um allein mit seinen Mitarbeitern in einer Sondermaschine der Regierungsstaffel reisen zu dürfen. Noch waren es die Jugendjahre des ostdeutschen Staates. Deshalb war es auch weder eine TU 134 und schon gar nicht eine TU 154 oder IL 62, sondern »nur« eine der schon etwas betagten IL 18. So manches war noch recht oder schlecht improvisiert, wie sich zeigen wird. Ich saß auf einem harten Notsitz in einer Art Laderaum gleich hinter dem Cockpit und hämmerte auf einer *Erika*-Schreibmaschine die Übersetzung einer Festrede, die der Chef nach der Landung in Neu Delhi halten sollte. Wir überflogen Griechenland, zunächst mit Kurs auf Beirut für eine Zwischenlandung. Da öffnete sich vorn die Tür und der Kopilot packte mir einen voluminösen Folianten auf den Tisch mit den Worten: »Das sind die ständig aktualisierten Anweisungen für Piloten und für sämtliche Flugrouten der Welt. Hier steht auch geschrieben, wie man sich verhalten soll, wenn man hoch oben über den Wolken in ein Sperrgebiet gerät. Kommen die Abfangjäger von Backbord in Sicht und wackeln mit den Tragflächen, heißt das *Sofort landen.* Tauchen sie von Steuerbord auf, soll man sofort den Kurs ändern und den gesperrten Luftraum verlassen. Es ist aber alles in Englisch, und so genau wissen wir nicht, wie wir uns jetzt verhalten sollen. Sie sind der Dolmetscher und müssen uns helfen.« Ich blickte durchs Fenster und konnte in der Ferne die »feindlichen« Flugzeuge ausmachen. Sie näherten sich von Steuerbord, also von rechts. Wir waren versehentlich in einen zeitweilig gesperrten Luftraum geraten, in dem gerade NATO-Manöver stattfanden. Mir war etwas mulmig zumute, sollte ich doch als kleinstes Licht der Delegation über deren Wohl und Wehe entscheiden. Ich befahl – oder sollte man lieber sagen »empfahl« – Kursänderung. Unser Flugzeug drehte ab und wir blieben unbehelligt. So etwas sollte heutzutage nicht mehr passieren. Aber dies waren eben damals die Anfangsjahre.

Der Zauber Indiens

Der Dolmetscheinsatz in Indien, die erste von insgesamt fünf »Expeditionen« in die größte Demokratie der Welt, war eine Reise voller Gegensätze. Neben dem offiziellen Programm war die für ausländische Besucher obligatorische Exkursion nach Agra vorgesehen. Nachdem wir aus Delhi kommend Fatehpur Sikri durchquert hatten, die mittelalterliche Affenstadt, die von Hunderten von Pavianen bevölkert ist, erstrahlte schließlich in der Morgensonne das großartigste Bauwerk der Mogul-Periode, das Taj Mahal, einst erbaut als Grabmahl für die Lieblingsfrau des islamischen Herrschers. Seine reich verzierten Mauern, Türme und Säulen waren nicht nur schön, sie standen

Silberschmied am Tadj Mahal in Agra

auch zueinander und zur umgebenden Parklandschaft in einer einzigartigen harmonischen Beziehung.

Ich musste an ein Gespräch denken, das ich vor vielen Jahren mit einem Architekturhistoriker gehabt hatte. Da war die Rede von der mittelalterlichen Bauhütte, einer Gilde von Bauleuten, die nicht nur Statik und Festigkeit exakt berechnen konnten, sondern auch die Ästhetik eines Bauwerkes. So sollen angeblich auch die großen Kathedralen Europas entstanden sein. Die heutigen Architekten dagegen bauen nach dem »goldenen Schnitt«. Ob das Bauwerk dann so schön und harmonisch wird wie geplant, sieht man erst nach der Fertigstellung. Die Prinzipien der Bauhütte wurden als Berufsgeheimnis streng gehütet und nur innerhalb der Gilde von Generation zu Generation vererbt. Verschwunden sind sie mit dem Tod von Albrecht Dürer, der als letzter Geheimnisträger in die Geschichte eingegangen ist. So also meine Gedanken und Empfindungen beim Anblick dieses Weltwunders.

Es war die Amtszeit der unvergessenen Indira Gandhi (1917–1984). Zum ersten Mal begegnete ich einer Frau, die in ihrer Person Anmut, Intelligenz, Selbstbewusstsein und politische Macht vereinte. Sie erläuterte uns in ihrem Amtssitz das von ihr konzipierte Programm der Familienplanung: Mutter, Vater und zwei Kinder. Zur Verwirklichung mussten Welten von Traditionen überwunden werden. Viele Kinder waren nicht nur ein Segen der Götter. Sie waren auch billige Arbeitskräfte, um die Familie vor dem Verhungern zu bewahren. Noch schlimmer: Erst unter Indira Gandhi wurde in der Lok Sabha, dem Unterhaus des indischen Parlaments, ein Gesetz beschlossen, das es Eltern verbot, die eigenen Kinder zu verstümmeln, damit sie als Bettler bei den Straßenpassanten Mitleid erregen. Sieht man in den Straßen von Delhi, Kalkutta, Madras und Mumbay diese armen Geschöpfe mit amputierten Gliedmaßen, so muss man sein Herz mit Eisen panzern, um den Anblick auszuhalten. Im nordindischen Steinkohlerevier von Ranji gelang es mir, mit Hilfe eines Bengali sprechenden Dolmetschers mit mehreren Slumbewohnern ins Gespräch zu kommen. Ich fragte sie nach ihrer Meinung zur Familienplanung. Die meisten starrten mich verständnislos an: »Wir sind hier in der Gosse geboren, unsere Kinder ebenfalls. Hier leben

Am Moore Market in Madras, die Hauptstraße ist der Subha Chandra Bose Road.

wir, und hier werden wir sterben. Was sollen all die phantastischen Ideen, die mit unserem Alltag nicht das Geringste zu tun haben.« In keinem anderen Land der Welt, auch nicht im tiefsten Inneren des afrikanischen Kontinents, habe ich so erschütternde Gegensätze erlebt wie in Indien. Auf der einen Seite märchenhafter Reichtum, auch bei politisch, aber nicht ökonomisch entmachteten Maharadschas, und Spitzenleistungen in Wissenschaft und Technik, wie im südindischen Bangalore, auf der anderen Apathie und himmelschreiendes Elend. Dennoch, Indien ist nicht eine, sondern hundert Reisen wert.

Indira Gandhi stand der Aufnahme diplomatischer Beziehungen zur DDR grundsätzlich nicht ablehnend gegenüber. Das hat sie in einem langen Gespräch meinem Chef erklärt, der im Auftrag des Staatsoberhaupts der DDR bei ihr vorsprach. Sie war jedoch damals noch nicht bereit, damit die Beziehungen zur Bundesrepublik aufs Spiel zu setzen.

Auf dieser Reise lernte ich eine außergewöhnliche Persönlichkeit kennen, Herbert Fischer, den erst viel später in den Rang eines Botschafters erhobenen Vertreter der DDR. Er hatte eine Biografie, um die ihn alle westlichen und auch östlichen Diplomaten beneideten. Als Sohn einer wohlhabenden Handwerkerfamilie lehnte er zur Enttäuschung der Familie die Nachfolge im väterlichen Geschäft ab, geriet in Ungnade, verließ das Elternhaus und gelangte auf Umwegen nach Bombay. Das war Anfang der dreißiger Jahre. Er hatte, wie man sagte, einen »Indien-Tick«, hatte alles über Mahatma Gandhi gelesen und war fest entschlossen, ihn persönlich kennen zu lernen. Mit wenigen Pennies in der Tasche schlug er sich nach Delhi durch und dann weiter nach Wardha im Staat Maharashtra zum Ashram von Mahatma Gandhi. Dieser war beeindruckt, als ihm von der abenteuerlichen Reise des jungen Deutschen berichtet wurde. Fischer wurde

Kurze Erholungspause in Bombay

Straßenszene in Kalkutta

empfangen und gelobte, fortan an der Seite Gandhis und Nehrus für die Unabhängigkeit Indiens von der britischen Kolonialherrschaft zu kämpfen. Er wurde Mitglied der Kongresspartei und saß während des Krieges eine Zeit lang mit Nehru in ein und derselben britischen Gefängniszelle. Im Laufe der Jahre lernte er Hindi, Bengali und Malayalam, drei wichtige Sprachen des Subkontinents, heiratete eine Inderin und pflegte den Lebensstil eines Hindu mit vegetarischer Ernährung, Yoga und Meditationen. Nach dem Zweiten Weltkrieg, noch vor der indischen Unabhängigkeit, wurde er von den Engländern nach Deutschland ausgewiesen. Nach einiger Zeit meldete er sich in dem soeben geschaffenen Außenministerium in der Berliner Luisenstraße. Da wurde unerwartet eine goldrichtige Entscheidung gefällt. Fischer wurde zurück nach Delhi geschickt, um dort eine Handelsvertretung der DDR aufzubauen. Seit dieser Zeit hatte er einen direkten Draht zu Nehru, dem ersten Ministerpräsidenten, Indira Gandhi, dessen Tochter und Nachfolgerin im Amt, und vielen anderen Amts- und Würdenträgern – bis zu seiner Rückkehr nach Berlin zu den Indologen der Humboldt-Universität. Bei den nächtelangen Gesprächen in seiner Residenz saß ich als stiller, aber aufmerksamer Zuhörer dabei und lernte über Indien mehr als es jemals durch Bücherlesen möglich gewesen wäre.

Neben Indira Gandhi und dem indischen Staatspräsident Giri traf ich bei einem meiner zahlreichen Einsätze in Indien auch auf Krishna Menon. Ich nutzte meine Position zuweilen dafür, besonders interessante Persönlichkeiten für heimische Zeitungen zu interviewen. Menon war einer der »alten Herren« der Kongresspartei, Mitstreiter von Mahatma Gandhi, enger Vertrauter von Jawaharlal Nehru, Indiens Botschafter bei der UNO und später Verteidigungsminister unter Indira Gandhi. Ich fragte ihn mit meiner jugendlichen Schnoddrigkeit: »Wie viele Probleme gibt es in Indien?« Wie aus der Pistole geschossen kam die schlagfertige Antwort: »620 Millionen«. Inzwischen sind es 1,2 Milliarden.

Krishna Menon war nicht nur Vorkämpfer und politische Leitfigur der »weltweit größten Demokratie«. Er war hoch gebildet, belesen, mit einem beeindruckenden Allgemeinwissen ausgestattet. Wenn er eine Rede hielt, so dauerte diese annähernd so lange wie die berühmten, bei uns Dolmetschern gefürchteten Ansprachen von Fidel Castro. Mit ihm hatte er sprachlich eine Gemeinsamkeit. Seine Familie stammte aus der Karibik, wo er in einem Mix von Sprachen aufgewachsen war. Er sprach keine der indischen Sprachen einwandfrei, weder Hindi noch Bengali oder gar Malayalam, und seine englische Aussprache war zumindest gewöhnungsbedürftig. Dennoch waren seine Reden voller Inhalt, gespickt mit klassischen Zitaten und vielfältigen Bezügen. Keine für den Dolmetscher mitunter erholsame Redundanz. Es musste *alles* gedolmetscht, nichts durfte ausgelassen werden. Da ich mich im Laufe der Jahre in New York, London, Delhi und Berlin auf ihn eingestellt hatte, hatte ich seine rhetorischen Tücken einigermaßen im Griff oder besser noch im Ohr. Immer wieder, wenn er auf Konferenzen das Wort ergriff, musste ich ran. Es war jedes Mal ein schweißtreibendes Wettrennen, bei dem viel Adrenalin ausgeschüttet wurde.

Nach einer derartigen Tortur, diesmal am UNO-Sitz in Wien, kam der Chefdolmetscher auf mich zu: »Hast du gut hingekriegt. Aber dass Krishna Menon einen so unverfälschten Berliner Dialekt spricht, wer hätte das gedacht?« Die Moral von der Geschichte: Auch in aufregenden Situationen sollte man Dialekt auf das mögliche Minimum reduzieren.

Auf der Zielgeraden zur Einheit

Ein großer Zeitsprung führt uns in das Jahr 1990 und mich zu weiteren Einsätzen auf der politischen Weltbühne. Am 18. März 1990 wurde in der DDR ein neues Zeitalter eingeläutet. Aus den ersten freien Wahlen seit der Weimarer Republik ging als Sieger nicht die SPD hervor, wie von vielen Beobachtern prognostiziert, sondern die von der CDU geführte Allianz für Deutschland. Die Volkskammer sprach einer Koalitionsregierung von CDU und SPD das Vertrauen aus. Der Rechtsanwalt und Synodale Lothar de Maizière wurde der erste frei gewählte Ministerpräsident der DDR.

Erneut läutete in meinem Arbeitszimmer das Telefon. Am anderen Ende meldete sich ein Dr. X aus dem Büro des Ministerpräsidenten in der Berliner Parochialstraße, all die Jahre zuvor die Befehlszentrale von Willi Stoph, Vorsitzender des Ministerrates der DDR. Der Anrufer wollte sicher gehen, dass ich der Dolmetscher bin und nach wie vor meinen Beruf ausübe. Wenn ja, würde man sich gern mit mir unterhalten, am besten in den ministeriellen Amtsräumen. Es handele sich um einen Auftrag und eventuell eine längerfristige Mitarbeit. In der Parochialstraße angekommen, wurde ich in einen saalgroßen Büroraum geführt. An den Wänden rechts und links hatten einige auffällig harmlos gekleidete Herren Platz genommen, die mich aufmerksam musterten und nun die Ohren spitzten. In der Mitte vor zwei hohen Fenstern saß hinter einem übergroßen Schreibtisch ein freundlicher Herr, der mich mit schwäbischem Dialekt ansprach: »Wir sind darüber informiert, für wen und unter welchen Voraussetzungen Sie all die Jahre gearbeitet haben. Das ist jedoch nicht entscheidend. Zwei Dinge verlangt der Ministerpräsident, Leistung und Loyalität. Wären Sie bereit und in der Lage, ihn auf seinen bevorstehenden Auslandsreisen als Dolmetscher auf Honorarbasis zu begleiten?« Ich war überrascht und erfreut: »Ob meine Fähigkeiten ausreichen, wird sich bei der Arbeit zeigen. Ich werde mich jedenfalls nach Kräften bemühen. Bereit bin ich auf jeden Fall.« Von Stund an war ich engagiert. Am nächsten Morgen wurde ich Lothar de Maizière vorgestellt. Es begann eine Arbeitsperiode von sechs aufregenden Monaten, die mein Leben mit bedeutenden Einsichten ungeahnt bereicherten.

Die einmaligen Besonderheiten der Regierung de Maizière ergaben sich aus ihren innen- und außenpolitischen Zielsetzungen. Noch nie in der Geschichte war eine Regierung mit dem Ziel angetreten, sich mit Erreichung der Einheit so bald wie möglich selbst überflüssig zu machen. Einheit, so de Maizière in seiner Regierungserklärung, bedeutet auch Teilen, nämlich des Wohl-

US-Präsident George Bush, sen., begrüßt DDR-Ministerpräsident Lothar de Maizière im Oval Office des Weißen Hauses in Washington D.C.

stands. In persönlichen Gesprächen betonte der bekennende Protestant, das vereinte Deutschland müsse östlicher und protestantischer werden. In diesem Sinne leistete er mit seiner Regierungsmannschaft und in der Volkskammer eine bis an die physische Leistungsgrenze gehende Arbeit, um den Wählerauftrag zu erfüllen und möglichst viele positive Errungenschaften in die Einheit einzubringen. Außenpolitisch warnte er nachdrücklich davor, die UdSSR und ihre ehemaligen Satelliten aus der Gemeinschaft des demokratischen Europa auszugrenzen. Diese Linie vertrat er unermüdlich gegenüber den internationalen Besuchern in seinem

Berliner Amtssitz und vor allem auch auf seinen Auslandsreisen.

Die erste Reise, an der ich als Dolmetscher teilnehmen durfte, ging in die USA. Wir logierten im UNO-Plaza-Hotel in New York und im Watergate-Hotel in Washington. Gesprächspartner waren der römisch-katholische Bischof von New York, der UN-Generalsekretär Perez de Cuellar und führende Wirtschaftler in der Deutsch-Amerikanischen Handelskammer. Als Höhepunkt der Reise stand ein Treffen mit dem amerikanischen Präsidenten George Bush sen. auf dem Programm. Das war weit mehr als eine formale Geste. Vom Oval Office ging es in den Cabinet Room, den Beratungsraum der US-Regierung. Auf der amerikanischen Seite des Verhandlungstisches hatten neben dem Präsidenten mehrere Minister und Staatssekretäre Platz genommen. Der Meinungsaustausch zwischen der kleinen DDR und der Weltmacht USA dauerte fast zwei Stunden. Die Atmosphäre war betont freundlich, denn die USA war fast der einzige Staat, der die deutsche Wiedervereinigung von Anfang an vorbehaltlos unterstützte. Wir dolmetschten zu zweit simultan, meine deutsch-amerikanische Kollegin Gisela Marcuse für die Amerikaner ins Deutsche und ich für die DDR-Gäste ins Englische. Das Gespräch zwischen Bush und de Maizière fand anschließend im Rosengarten des Weißen Hauses unter vier (sechs) Augen seine Fortsetzung und dann wieder in großer Besetzung am Mittagstisch im State Dining Room. Halb hinter dem DDR-Ministerpräsidenten sitzend, wurden mir von einem livrierten Steward kleine Häppchen zugeschoben, die ich beim Dolmetschen unauffällig genießen konnte. Eine überaus sympathische und bei Gala-Empfängen durchaus nicht allgemein übliche Geste.

»Mir ist zu Ohren gekommen«, so Präsident Bush, »dass Sie, mein lieber Mister de Maizière ursprünglich eigentlich Musiker waren und aus gesundheitlichen

Gründen die schönen Künste als Beruf aufgeben mussten und Rechtsanwalt wurden. Jetzt sind Sie in der Politik gelandet. So geht im Leben vieles den Bach runter.« Solche humorigen Auslassungen waren typisch für die gelockerte Atmosphäre. Zum Abschluss wurden wir in den Blauen Salon gebeten, wo ein Quartett von Marine-Infanteristen zu Ehren des Musikers de Maizière ein Kammerkonzert zum Besten gab. Dieser Tag war eine Demonstration der freundschaftlichen Verbundenheit. Für alle Beteiligten war es aber auch anstrengend und weit mehr als ein Höflichkeitsbesuch, wenngleich Präsident Bush einen Vorschlag de Maizières zwar freundlich zur Kenntnis nahm, jedoch meinte, es würde sich mit der Einheit ohnehin regeln, nämlich als anerkennende Geste gegenüber der friedlichen Revolution der nunmehr demokratischen DDR die Meistbegünstigungsklausel im Handel zu gewähren. So weit ging im Sommer 1990 die Freundschaft dann doch noch nicht. Nach einem Treffen mit etwa 400 Journalisten im National Press Club fand der Tag seinen Abschluss vor Hunderten von Studenten auf der Bühne des Auditorium Maximum der Georgetown Universität. Lothar de Maizière hielt eine packende Rede und berichtete über den Verlauf der friedlichen Revolution in der DDR. Seine Worte: »Nicht Gewehre, sondern brennende Kerzen waren unsere Waffen gegen Stasi und Volkspolizei«, gingen in tosendem Beifall unter.

Ein Treffen der besonderen Art war eines Abends die Zusammenkunft mit Edgar Bronfman. Er war der international hoch geschätzte Präsident des Jüdischen Weltkongresses und hatte besonders in der Gorbatschow-Ära intensiv und mit Erfolg darauf hingewirkt, dass Juden aus der Sowjetunion endlich in großer Zahl die Ausreise nach Israel ermöglicht wurde. Auch Erich Honecker hatte sich hartnäckig um einen Kontakt mit dem Jüdischen Weltkongress bemüht, Bronfman im

HER MAJESTY'S GOVERNMENT IN

THE UNITED KINGDOM OF GREAT BRITAIN

NORTHERN IRELAND

Visit of

Herr Lothar de MAIZIÈRE

Prime Minister

GERMAN DEMOCRATIC REPUBLIC

26 - 27 June 1990

Honeckers unerfüllter Traum: Offizieller Besuch des ersten und frei gewählten Ministerpräsidenten der DDR, Lothar de Maiziére, in Großbritannien, Juni 1990

The Prime Minister will be accompanied by:

Frau Sylvia SCHULTZ
Head of Prime Minister's Office

Herr Thilo STEINBACH
Head of Department for Foreign and Security Questions
in the Prime Minister's Office

Frau Doktor Angela MERKEL
GDR Government Deputy Spokesman

Herr Franz JAHSNOWSKI
Chief of Protocol, Ministry of Foreign Affairs

Herr Wolfgang GANTHUS
Interpreter

In attendance:

Miss Brigitte Puhl (Interpreter)
Central Office of Information

Herr Siegfried Reichel
Herr Michael Juhran
Embassy of the German Democratic Republic

Programme Organiser:

Mr Bernard McGinley
Central Office of Information

The Prime Minister will be staying at:

The Sheraton Park Tower
101 Knightsbridge
LONDON SW1

1

Vor Nr. 10 Downing Street

Jahre 1988 zu einem offiziellen Besuch in die DDR eingeladen und ihm bei einem festlichen Staatsakt den Großen Stern der Völkerfreundschaft verliehen.

Jahrelang arbeiteten die Diplomaten der DDR auf einen Staatsbesuch in den USA hin, nicht zuletzt mit Unterstützung von amerikanischen Politologen, die damit einen Beitrag zur Entspannung im Kalten Krieg leisten wollten. Honecker wollte mit einem solchen Staatsbesuch ein Zeichen zur internationalen Aufwertung der DDR setzen und hoffte, dass Bronfman ihm die Tür zum Weißen Haus öffnen könnte. Der nahm die Auszeichnung an, freundlich und zugleich zögernd. Honeckers jahrelange Hoffnung ging jedoch nicht in Erfüllung. Nun saßen wir zwei Jahre später in Midtown Manhattan in einem Fünf-Sterne-Hotel an einem Tisch. Lothar de Maizière sprach über die Perspektiven und Probleme der deutschen Wiedervereinigung, beantwortete Fragen nach dem jüdischen Leben in Ostdeutschland.

Er traf auf offene Ohren und Herzen. Er hatte erreicht, worum sich die alte DDR unter Honecker jahrelang vergeblich bemüht hatte. 1999 wurde Edgar Bronfman die Presidential Medal of Freedom verliehen, die höchste zivile Auszeichnung der USA.

Eine weitere Station des sechsmonatigen Marathons war erstmals in der Nachkriegsgeschichte die Teilnahme eines osteuropäischen Regierungschefs an einem Gipfeltreffen der EG. In der Hauptstadt Irlands waren alle Größen der noch westeuropäischen Wirtschaftsgemeinschaft versammelt: Margaret Thatcher, Fançois Mitterrand, Helmut Kohl und Hans-Dietrich Genscher und als besondere Attraktion der Ministerpräsident der DDR. Seine Tischrede wurde mit großer Aufmerksamkeit und Beifall aufgenommen. Sie war ein Bekenntnis zu Europa. Zwischen ihm und seinem Tischnachbar, dem Spanier Felipe Gonzales, kam es über zwei Sprachen zu einem langen Gespräch, das mich arg ins Schwitzen brachte und der Hilfestellung eines Spanisch-Englisch-Dolmetschers bedurfte.

Die Republik Irland erlebte im Jahr 1990 einen beispielhaften wirtschaftlichen Aufschwung, zu dem de Maizière beim Treffen mit dem irischen Staatspräsidenten und mit Wirtschaftsexperten viele Fragen hatte, galt es doch zu Hause die Währungs-, Wirtschafts- und Sozial-Union auf den Weg zu bringen. Zum Abschluss unseres Irland-Besuches gab die Stellvertretende Regierungssprecherin Dr. Angela Merkel eine gut besuchte Pressekonferenz und beantwortete mit meiner sprachlichen Hilfe Dutzende von Fragen. Damals brauchte sie noch einen Englisch-Dolmetscher, heute als Bundeskanzlerin absolut nicht mehr. Ich saß neben ihr und bewunderte, mit welcher Souveränität die damals 36-jährige Jungdiplomatin den nicht leichten Umgang mit oft aggressiven Journalisten charmant in den Griff bekam.

Von Dublin flogen wir nach London. Da ich die Stadt gut kannte, konnte ich mich auch als Stadtführer nützlich machen, unter anderem beim Besuch der Westminster Abbey und beim Treffen mit dem Erzbischof von Canterbury. Im Lancaster House waren wir Dinnergäste des britischen Außenministers Douglas Hurd. Ihn zu dolmetschen war ein sprachlicher Leckerbissen für Gourmets. Er war ein humanistisch gebildeter Politiker, der sich stets in poetischen Bildern ausdrückte. Sein literarischer Wortschatz hatte mich bereits wenige Wochen zuvor gefordert, als ich in Berlin seine Festrede bei der symbolischen Beseitigung des legendären *Checkpoint Charly* live für den Rundfunk zu dolmetschen hatte.

Der eigentliche Höhepunkt unserer Londonreise war jedoch das Treffen mit Frau Premierminister Margaret Thatcher in Number Ten Downing Street.

Sie gehörte zu den europäischen Politikern mit Vorbehalten, denen der Prozess der deutschen Wiedervereinigung viel zu schnell ging. »Wäre es nicht besser, den Termin 3. Oktober zu verschieben und beiden deutschen Staaten mehr Zeit zu lassen, harmonisch zusammen zu wachsen?« Ihr deutscher Gesprächspartner musste sie eines Besseren belehren: »Zwar würde vieles für ein langsameres Tempo und damit ein harmonisches Zusammenwachsen der beiden deutschen Staaten sprechen. So war es ursprünglich ja auch in dem von Horst Teltschik konzipierten und auch von Hans Modrow unterstützten Zehn-Punkte-Programm vorgesehen. Doch seit dem Mauerfall verlassen täglich 15.000 Menschen die DDR in Richtung Westen. Seit Bekanntgabe des Zeitplanes mit dem 1. Juli zur Einführung der D-Mark und dem 3. Oktober als Tag der Einheit ist die Zahl auf täglich 3.000 gesunken. Bei noch längerem Warten wäre es eine Wiedervereinigung mit einer quasi entvölkerten DDR.« Die Gespräche mit Margaret Thatcher, sowohl in Dublin als auch in London, waren für mich in zweierlei Hinsicht wieder ein besonderes Erlebnis. Nicht allzu häufig war mir eine Persönlichkeit begegnet, die ihre Gedanken so klar und eindeutig zu formulieren wusste, ein Segen und Lichtblick für den Dolmetscher – unabhängig davon, ob man ihre Politik inhaltlich billigte oder ablehnte. Wo aber viel Licht ist, ist bekanntlich auch Schatten. Die Vieraugengespräche (wieder sechs Augen) vor dem prachtvollen Kamin in ihrem Amtszimmer mit einem Interieur, das den Hauch der Jahrhunderte des Britischen Empire ausstrahlte, konnten natürlich nicht voll simultan gedolmetscht werden. Beim Konsekutivdolmetschen muss man im Kopf viel speichern und blitzschnell loslegen, wenn einer der Gesprächspartner mal ein paar Sekunden Luft holt. Das Problem: Die Eiserne Lady begann am Morgen und endete gegen Mittag und holte nie Luft. Auch im Nachhinein kann ich nicht eindeutig sagen, wie es kam, dass am Ende alles glatt über die Bühne ging. Alle waren froh und glücklich. Das Eis war gebrochen, die Atmosphäre locker. Den Kaffee nahmen wir in der Küche der Gastgeberin ein, weil es vor dem Fenster des Amtszimmers zu laut wurde. Elite-Einheiten Ihrer Majestät probten für »Trooping the Colours«, die traditionelle Festparade zum Geburtstag der Queen.

Weniger spektakulär, jedoch nicht weniger inhaltsreich waren die vielen Gespräche, die der Ministerpräsident mit zahlreichen ausländischen Gästen an seinem Berliner Amtssitz hatte. Alle wollten wissen, wie es in Deutschland weitergehen wird, politisch, wirtschaftlich und kulturell. War doch die angepeilte Vereinigung der beiden deutschen Staaten ohne Beispiel in der Geschichte. Am Nachmittag eines sonnigen Tages im August stellte diese Fragen auch Henry Kissinger, der jahrelang die Außenpolitik der USA maßgeblich geprägt und 1973 für seine Verdienste um das

Zustandekommen des Friedensabkommens mit Vietnam gemeinsam mit seinem vietnamesischen Verhandlungspartner den Friedensnobelpreis erhalten hatte. Dieses Gespräch war ausführlich, tiefgründig und für mich als Dolmetscher nicht ganz stressfrei. Kissinger sprach mit seinem tiefen Bass englisch, passte aber höllisch auf, dass auch die kleinste Nuance richtig übersetzt wurde. Er konnte der Unterhaltung in beiden Sprachen folgen, war Deutsch doch seine Muttersprache gewesen, bevor seine jüdische Familie 1938 aus Nazi-Deutschland in die USA emigrierte.

Es kostet mich ziemlich viel Beherrschung, diese sechs Monate Arbeit für Lothar de Maizière in wenigen Zeilen zu beschreiben. Sie hat mein Berufsleben und mein Geschichtsbild bereichert. Seine Person mit preußischen, protestantischen Hugenottenwurzeln hat mir vor Augen geführt, dass man Preußen nicht auf seine militärischen Traditionen reduzieren darf, was allzu häufig getan wurde. Er hat uns allen in seiner kurzen Amtszeit preußische Tugenden vorgelebt: Fleiß, Anstand, Ehrlichkeit, Redlichkeit und nicht zuletzt geistige Unabhängigkeit. Er ist ein Querdenker, wenn es um eine gute Sache geht. Für ihn war das der Auftrag seiner Wähler nach den ersten freien Wahlen in der Geschichte der DDR.

Immer wieder Afrika

Auf dem afrikanischen Kontinent war ich in zahlreichen Einsätzen unterwegs und bereiste neben Ägypten, den Sudan, Somalia und Sambia sowie Äthopien und Mosambik. Der Zufall wollte es, dass ich Ende der sechziger Jahre wohl der letzte Mensch war, der Eduardo Mondlane fotografierte, den Präsidenten der Mosambikanischen Befreiungsbewegung FRELIMO. Das war auf einer Solidaritätskonferenz für die afrikanischen Befreiungsbewegungen in der sudanesischen Hauptstadt Khartum. Drei Tage später wurde er unmittelbar nach der Rückkehr ins heutige Maputo von einer Briefbombe zerfetzt. Im Anschluss an die Konfe-

Wolfgang Ghantus im Süden des Sudan mit Grenzposten an der Grenze zu Uganda

renz flogen wir in einer zweimotorigen Twin Otter nach Juba, der Hauptstadt der Südprovinz Äquatoria, inzwischen die Hauptstadt des unabhängigen Südsudan.

⅄ ⅄ ⅄

In der ehemals französischen Kolonie Kongo Brazzaville hatte ich auf einer mehrwöchigen Afrikareise zwei Tage lang sogenannte Freiwache, denn dies war die Domäne meines mitgereisten Französisch-Kollegen. Ich konnte mich etwas in der Gegend umsehen und abends auch das Fernsehprogramm genießen. Zu empfangen war nur ein Sender, und zwar Kinshasa vom anderen Ufer des Kongoflusses. Der Bildschirm war stundenlang beherrscht von Lobgesängen auf Mobuto, der nach dem Mord an Patrice Lumumba als Diktator über die ehemalige belgische Kolonie herrschte. Zwischen Brazzaville und Kinshasa verkehrte zweimal täglich eine Fähre. Bei einem Abendspaziergang zum Fährhafen leuchteten in der Ferne die Lichter von Kinshasa, der Hauptstadt des anderen Kongo. Hier standen wir auf dem Boden einer ehemaligen französischen Kolonie, deren politische Führer nach Erringung der staatlichen Unabhängigkeit eine neue Gesellschaft der sozialen Gerechtigkeit anstrebten. Am gegenüberliegenden Ufer klammerten sich die Herrscher an die Tradition der einst belgischen Kolonialherrschaft. Im Hintergrund agierten internationale Konzerne, die wirtschaftlich an den reichen Kupfervorkommen der Provinz Katanga interessiert waren. Politisch war Kongo-Kinshasa im Kalten Krieg ein wichtiger Pufferstaat des Westens gegen die nach sozialen Reformen strebenden Länder Kongo-Brazzaville und die ehemalige portugiesische Kolonie Angola. Unwillkürlich kam mir die Position des geteilten Berlin im Kalten Krieg in den Sinn und die Spree, die an der Oberbaumbrücke zwei Welten voneinander trennte, die Stadtbezirke Friedrichshain und Kreuzberg. Mitten im Herzen des Schwarzen Kontinents erlebten wir eine neue Variante des Ost-West-Konflikts.

⅄ ⅄ ⅄

Lebensgefährlich wäre es beinahe am Strand des Gästehauses des nigerianischen Staatspräsidenten Olusegun Obasanjo geworden. Nach getaner Arbeit im Präsidentenpalast, damals noch in Lagos, wollten wir den Sonnenuntergang genießen und wurden plötzlich von einer Horde Halbstarker bedrängt, die Geld verlangten. Es gelang uns, in letzter Minute am Wachposten vorbei ins Gästehaus zu entkommen. Doch für unsere mitteleuropäischen Vorstellungen unbegreiflich, auch die Angreifer durften passieren und vor unseren Gästezimmern ging das Theater weiter. Schließlich kam Verstärkung, sie mussten weichen. Andere Länder, andere Sitten.

Anders waren auch die Sitten – oder besser das historische Erbe – zweitausend Kilometer weiter im südlichen Afrika. Unsere Afrikanisten wussten gut Bescheid. Hätte man doch nur auf sie gehört. Seit Jahr und Tag unterstützte die DDR-Regierung mit Geld, Waffen und Flugzeugen unter dem Mantel der antiimperialistischen Solidarität die Unabhängigkeitsbewegung im britischen Südrhodesien. Dort agierten zwei rivalisierende Parteien, die ZANU (Zimbabwe African National Union) von Robert Mugabe und die ZAPU (Zimbabwe African People's Union) von Joshua Nkomo. Wir waren nicht den wissenschaftlichen Erkenntnissen der Afrikanisten gefolgt, sondern den Vorgaben des großen Bruders Sowjetunion und hatten auf Nkomo gesetzt. Ich habe ihn bei vielen DDR-Besuchen als Dolmetscher betreut. Als eines Tages in Berlin-Pankow von Politbüromitglied Hermann Axen die

Stippvisite in Lagos, Werner Lamberz bei Staatspräsident Olusegun Obasanjo, dem mächtigsten Mann Nigerias.

offizielle Vertretung der ZAPU eröffnet wurde, stand Joshua Nkomo in langem Festgewand und mit einem zwei Meter hohen Häuptlingsstab in der Mitte der Vorhalle. Vor ihm knieten in langer Reihe Landsleute, die ehrfürchtig seinen Rocksaum küssten. War das etwa ein Zeichen dafür, dass Joshua Nkomo wirklich der charismatische Führer der Bewegung war, die über alle Stammesgrenzen hinweg ein modernes, einheitliches Zimbabwe erkämpfen wollte? So jedenfalls war sein viel gepriesener Ruf als »Father of Zimbabwe«. Er gehörte der Volksgruppe der Ndebele an, die nur fünfzehn Prozent der Bevölkerung ausmachten. Sein Widersacher Mugabe war ein Schona und vertrat 85 Prozent. Nach langem Kampf kam es 1980 zu den ersten Wahlen im Land und zu einem Ergebnis, wie es Experten vorausgesehen hatten. Die Ndebele waren nicht nur als Minderheit im Nachteil. Sie hatten unverschuldet unter dem historisch bedingten Makel ihres Exkönigs Lobenguela zu leiden, der fast ein Jahrhundert zuvor im Burenkrieg gemeinsame Sache mit den englischen Kolonialherren gemacht hatte. Mugabe siegte und wurde der erste Präsident des unabhängigen Simbabwe. Nkomo wurde ins zweite Glied zurückgedrängt und hatte bis zu seinem Tod im Jahr 1999 praktisch keinen Einfluss mehr auf die Politik des Landes. Alle Staaten des Ostblocks waren der Sowjetunion gefolgt und hatten auf das falsche Pferd gesetzt.

⅄ ⅄ ⅄

»Ten pounds. Five for the boy, five for myself!« Nie werde ich diesen Zuruf vergessen, als mich mindestens dreimal eine Welle unter Wasser drückte und ich jedes Mal jede Menge salzigen Atlantikwassers schluckte und spukte. Ich war dabei, im Südatlantik vor dem bei Einheimischen und Touristen gleichermaßen beliebten Labadi-Beach von Akkra zu ertrinken. Dabei sollte es eigentlich der erholsame Abschluss einer mehrwöchigen Entwicklungsmission zum Bau der ersten Papier- und Zellstofffabrik in der westafrikanischen Republik Ghana werden.

Mitten im tropischen Regenwald, unweit des Akosombo-Staudamms am Volta-See sollte das Werk einmal nicht nur der größte Arbeitgeber des 24-Millionen-Volkes der Akan, Ewe, Ga und vieler anderer Ethnien werden, sondern auch die traditionelle Exportpalette von Gold, Kakao und kostbaren Edelhölzern bereichern. Ghana, seit 1820 britische Kronkolonie mit dem treffenden Namen Goldküste, war am 6. März 1957 als erstes afrikanisches Kolonialland unabhängig geworden. Der Vielvölkerstaat, dem auch ein Teil der frühe-

Am Arbeitsplatz unter Palmen in Akkra

ren deutschen Kolonie Togo einverleibt wurde, ist fast so groß wie das ehemalige britische »Mutterland«.

Ich war einige hundert Meter vom Strand in eine tückische Strömung geraten und konnte nicht vor noch zurück. Meine Hilferufe waren von meinen deutschen Kollegen an Land als Ulk missverstanden worden. Sie ruderten fröhlich mit den Armen und amüsierten sich über ihren wild gestikulierenden Dolmetscher. Anders ein junger Ashanti mit seinem kleinen Bruder, der neben seinem Einbaum mit Argusaugen erspäht hatte, dass sich da draußen etwas Ernstes abspielte. Für ihn eine vielleicht lukrative Chance, denn, wie er mir später erklärte, verdiente er sich und seiner Familie den Lebensunterhalt damit, »absaufende« Europäer im letzten Moment aus den Wellen zu retten. Geistesgegenwärtig hatte er sein Boot in das Wasser geschoben und schlingerte durch die Wellen auf mich zu. Das gab mir Mut und Kraft, noch einige Momente durchzuhalten. In ihrer Nussschale waren die beiden bis auf drei Bootslängen herangekommen.

Meine mit letzter Kraft in prustender Verzweiflung herausgequetschte Antwort auf sein Preisangebot war: »Maximal drei Pfund für beide!« Das Feilschen war mir bei vielen Afrikaeinsätzen derart in Fleisch und Blut übergegangen, dass mir auch im »Todeskampf« nichts Besseres einfiel als gegenzuhalten. Das ging eine Ewigkeit von Minuten hin und her, bis wir uns auf fünf Pfund »geeinigt« hatten. Der Ältere von beiden warf mir ein Seil zu und zog mich ins Boot. Es war auch höchste Zeit. Mit einem leicht vorwurfsvollen Unterton hielt er mir vor, dass er vor kurzem den Torwart der berühmten »Black Stars« auf die gleiche Weise gerettet hatte, von der Mannschaft fürstlich belohnt und zu einem Festessen nach Kumasi, der zweitgrößten Stadt des Landes, eingeladen worden war. Ich appellierte an sein Mitgefühl, sprach, immer noch außer Atem, von christlicher Nächstenliebe und gab ihm meine Heimat-

Kwame Nkrumah, der erste Präsident des unabhängigen Ghana, der ehemaligen Britischen Goldküste, hatte als Osajevo (Führer) den Traum von einem vereinten Afrika.

adresse. Wochen später erreichte mich in Berlin ein drei Seiten langer Brief von meinem ghanaischen Lebensretter mit einer ebenso langen Wunschliste, die ich allerdings nicht so recht erfüllen konnte. Auch hier wieder die Erkenntnis: andere Länder, andere Sitten.

Diese Erkenntniss sollte ebenso bei unserem Entwicklungsprojekt eine Rolle spielen, dem ich als Dolmetscher zugeordnet war. Wochenlang durchstreiften wir tropische Waldgebiete, übernachteten im Zelt, holten abends mit den Frauen eines nahe gelegenen Dorfes Wasser aus dem nächsten Tümpel, das wir mit Tabletten aus unserer provisorischen Reiseapotheke desinfizierten und dann zu Tee verarbeiteten. Zu Hause hätten wir uns in der Brühe nicht mal die Füße gewaschen. Wir nahmen Holzproben für unsere einheimischen Auftraggeber, die uns gleich zu Beginn unserer Expeditionen erklärt hatten: »Wir glauben, dass wir in unseren Wäldern alle Rohstoffe für die Papier- und Zellstoffproduktion besitzen, wissen aber nichts genaues.« Das in der Kolonialzeit nie zuvor analysierte Rohstoffpotential war nur eines von vielen ungelösten Problemen. Die weitaus größere Herausforderung bestand darin, aus den in Stammesgemeinschaften lebenden Einheimischen einen Stamm an disziplinierten Industriearbeitern auszubilden, die mit Pünktlichkeit, Gewissenhaftigkeit und Ausdauer moderne Produktionsabläufe sichern konnten. Dass man pünktlich zur Schicht antreten muss, auch wenn zu Hause im Dorf gerade eine Kuh gekalbt hatte, war ungewohnt für sie. Zu überwinden waren mittelalterliche Stammesstrukturen und eine mehr als hundertjährige Kolonialherrschaft. Ghana war in vieler Hinsicht typisch für viele Länder des schwarzen Kontinents.

Dolmetschen im Horn von Afrika

Immer noch im »schwarzen Kontinent«, doch ein paar tausend Kilometer nordostwärts im Horn von Afrika zeigten sich die Dinge komplizierter. Das jedenfalls war meine Erkenntnis aus elf Jahren Arbeit in Äthiopien, immer wieder mit Unterbrechungen. Das Land ist fast viermal so groß wie Deutschland. Die Bevölkerung von annähernd 66 Millionen ist geschätzt. Eine exakte Volkszählung hat es nie gegeben. Es werden über 80 Sprachen gesprochen. Da kaum ein Ausländer die wichtigsten beherrscht, Amharisch, Tigrinya und Oromo, spielt zusätzlich zu Amharisch, einer semitischen Sprache mit arabischen Elementen, Englisch als offizielle Zweitsprache die Hauptrolle in Politik, Verwaltung, Presse und Bildungswesen. Die Hälfte der Landfläche liegt mehr als 1200 Meter über dem Meeresspiegel, 25 Prozent mehr als 1800 Meter. Der höchste See Afrikas ist der Tanasee im Norden des Landes, mit einer Fläche von 3000 Quadratkilometer fast sechs Mal so groß wie der Bodensee. Über dem nördlichen Ufer donnern über mehrere hundert Meter gewaltige Wassermassen der Tissisiat-Fälle in den See. Dort ist die Quelle des Blauen Nils, der nach 800 Kilometern die sudanesische Grenze erreicht und sich bei Khartum mit dem aus Uganda kommenden Weißen Nil zum zweitgrößten Fluss der Erde mit über 6671 Kilometern Länge vereinigt. Äthiopien erstreckt sich über diverse Klimazonen. Da ist das zentralamharische Hochland, etwa 3000 Meter hoch. In Europa gäbe es in dieser Höhenlage außer Felsen allenfalls ein paar Krüppelkiefern und dürftige Flechten. In Äthiopien ist es ein fruchtbares Paradies des Getreideanbaus.

Mein Quartier war meist im Zentrum der in einen Talkessel eingebetteten Hauptstadt Addis Abeba (amhar. Neue Blume), 2500 Meter über dem Meeresspiegel. In dieser Höhenlage physische Kondition zu bewahren, ist für den verwöhnten Mitteleuropäer alles andere als einfach. Kondition ist aber nicht nur beim Sportler, sondern auch beim Dolmetscher die halbe Miete. Ich hatte es mir zur Gewohnheit gemacht, fast jeden Tag in aller Herrgottsfrühe zwanzig Bahnen schnell zu schwimmen. Zu Hause in Mitteleuropa hatte sich mein Kreislauf im Laufe der Zeit gut darauf eingestellt. Ich fühlte mich immer besser, zumal ich während der Versorgungsschwierigkeiten vor dem Putsch in Chile von einem Tag auf den anderen mit dem Rauchen aufgehört hatte. Ich hatte einfach keine Lust mehr, mich nach Zigaretten in lange Schlangen einzureihen. Nun war ich aber in Äthiopien angekommen, der Anfang von fast drei Dutzend Dolmetscheinsätzen über mehr als ein Jahrzehnt. Zum Ghion-Hotel, meiner Unterkunft im Zentrum von Addis Abeba, gehörte ein Freibad mit olympischen Abmessungen. Nach weniger als der Hälfte meines gewohnten Pensums konnte ich nur noch japsen, wie erwähnt befand ich mich 2500 Meter über den Meeresspiegel. Die Luft ist dünn und es dauerte eine Weile, bis ich meine gewohnten zwanzig Bahnen wieder durchhalten konnte.

Eines Morgens passierte etwas völlig Unerwartetes. Ich stieg ziemlich außer Atem aus dem Wasser und stapfte in Richtung Umkleideschuppen, als sich drei Meter vor mir aus dichtem Gras ein Gepard erhob. Blitzschnell schossen mir diverse Rettungsmöglichkeiten durch den Kopf. Wegrennen hätte nichts gebracht. Ein Gepard ist allemal schneller. Zurück ins Wasser springen – auch nicht, denn ich hatte gerade meine Fotoausrüstung umgehängt, um frei herumspringende Paviane zu fotografieren. Meine wertvollen Kameras und Zusatzobjektive wollte ich nicht aufs Spiel setzen. Nach drei Schrecksekunden löste sich alles in Wohlgefallen auf. Die Wildkatze machte einen Schritt auf mich zu. Dann klirrte eine Kette und sie blieb stehen. Der leicht zu zähmende Gepard war als »Wachhund« an einen Baum angekettet, um nächtliche Eindringlinge abzuschrecken, eine übliche Schutzmethode im Land der dreizehn Sonnen. Dreizehn deshalb, weil Äthiopien nach dem dort geltenden christlich orthodoxen Kalender dreizehn Monate hat.

Die genannten 2500 Meter über dem Meeresspiegel gelten für das Stadtzentrum der in einem Talkessel gelegenen äthiopischen Hauptstadt. Bei Einsätzen über Land fuhren wir stadtauswärts mit dem Jeep zuerst einmal durch eine dichte Wolkendecke und dann über den Wolken weiter durch die sagenhaft schöne Landschaft des zentralamharischen Hochlandes. Nach allen Himmelsrichtungen erstreckte sich eine bunte landschaftliche Vielfalt, Wüsten, Dschungel, Kaffee, Bananen, Wein und vieles andere mehr. Durch den Blauen Nil sowie viele weitere Flüsse und Seen ist das Land reichlich mit Wasser versorgt. Es könnten die Wüsten bewässert werden, und die Wasserkraft würde ausreichen, auch das letzte Dorf mit Strom zu versorgen. Im Erdreich schlummern alle nur erdenklichen Bodenschätze. Aber bis auf die Goldminen im Süden ist nur wenig erschlossen. In Äthiopien finden wir die größte Vielfalt an Wildtieren. Das Land hat unzählige Naturreichtümer, deren Erschließung und Nutzung jedoch Milliarden kosten würde, und dieses Geld ist nicht vorhanden. Alle paar Jahre wüten verheerende Hungersnöte mit Zehntausenden von Toten.

Äthiopien ist das einzige Land Afrikas, das seit Jahrtausenden ein zumindest formal unabhängiges Staatsgebilde ist, eine Abfolge von Monarchien mit christlich-orthodoxer Staatsreligion. Es war zu keiner Zeit eine Kolonie, sieht man von der mittelalterlichen Invasion der Araber und von der Okkupation durch die italienischen Faschisten von 1935 bis 1941 ab. Es war ebenso wenig Kolonie wie etwa Frankreich während der Nazi-Okkupation im Zweiten Weltkrieg.

Im Jahre 1974 wurde das in feudalistischer Tradition verknöcherte Regime von Kaiser Haile Selassie gestürzt (der amharische Name Haile Selassie heißt in der Übersetzung »Macht der Dreifaltigkeit«). Nach dem äthiopischen Kalender schrieb man das Jahr 1967. Das Jahr beginnt mit dem Neujahrsfest am 11. September

Werner Lamberz (l.) in der Kaffa-Provinz, dem Zentrum des äthiopischen Kaffeeanbaus. Kaffee aus Äthiopien war ein wichtiger Importartikel für die DDR.

und umfasst die bereits erwähnten dreizehn Monate. Die zweitausend Jahre aufgezeichneter äthiopischer Geschichte sind Gegenstand einer umfangreichen Literatur in mehreren Sprachen.

Abgelöst wurde die Monarchie durch mehrere aufeinander folgende Militärdiktaturen. Im Sommer des Jahres 1977 bereiste eine DDR-Delegation unter der Leitung von Werner Lamberz mehrere afrikanische Länder. In Maputo, der Hauptstadt Mosambiks, erreichte uns die Nachricht von einem erneuten Machtwechsel in Addis Abeba. Die Nummer Eins war nunmehr ein junger Oberstleutnant namens Mengistu Haile Mariam (amhar. »Macht der Maria«). Wie viele äthiopische Militärs war er während der Kaiserzeit zur Weiterbildung an die US-Militärakademie West Point geschickt worden. Dort war ihm – welch Paradox – das

Sommer 1977, Industrieausstellung der DDR in Addis Abeba. Gesesse Wolde Kidan (2.v.r.), Amtskollege von Günter Mittag, Autor (4.v.r.).

Kommunistische Manifest in die Hände gefallen. Nun verkündete er für sein nach wie vor rückständiges Heimatland eine neue Politik mit dem Ziel des Aufbaus der ersten sozialistischen Gesellschaft auf afrikanischem Boden. Im fernen Mosambik hatten wir keine Ahnung, was von solchen Ambitionen zu halten war.

Unser Delegationsleiter Werner Lamberz war mit 48 Jahren das jüngste Mitglied des Politbüros der SED, enger Vertrauter von Erich Honecker und weithin als Nachfolger, also »Kronprinz«, gehandelt. Mit Werner verband mich nicht nur meine Position als Dolmetscher, sondern auch eine langjährige Freundschaft. In der Altherren-Führungsriege der DDR glänzte er durch Intelligenz, Dynamik, Risikobereitschaft und Weltoffenheit. Er rief uns alle zu einem Brainstorming zusammen. Sollte man die Reiseroute quer durch Afrika

Margot Honecker und ihr Amtskollege Goshu Wolde, äthiopischer Volksbildungsminister, der sich kurz danach in die USA absetzte.

mit einer Landung auf dem Bole-Airport von Addis Abeba ergänzen oder besser vorsichtshalber die Finger davon lassen? Bis in die späten Nachtstunden wurde das Für und Wider diskutiert. Das Ergebnis lautete: Landen und angesichts der Hochrangigkeit der Besucher mit der Landung Solidarität auf höchster Ebene demonstrieren.

Zwischen Lamberz und Mengistu hat es sofort »gefunkt«. Die Chemie stimmte zwischen den Beiden vom ersten Augenblick. Es begann ein Jahrzehnt engster Beziehungen beider Länder, die ich als Dolmetscher immer im Hintergrund begleitete, auch bei sogenannten Vier-Augen-Gesprächen, die in Wirklichkeit Sechs-Augen-Gespräche waren, sofern man meine beiden Augen mitzählte. War Lamberz der Gesprächspartner auf deutscher Seite, so war das Dolmetschen

Die »First Lady« der DDR Margot Honecker in einem »Tukul« in Addis Abeba, Berhanu Becha, Botschafter Äthiopiens in der DDR (l.), Botschafter Günter Mauersberger (r.). Dolmetscher (3.v.l.) übersetzt die Eintragung von Margot Honecker ins Gästebuch.

ein Vergnügen. Er war der geborene Agitator. War es Erich Honecker, so war die Arbeit mühsam. Er brachte zwar viele Ideen in die Diskussionen ein, allerdings in einer monotonen Diktion ohne Punkt und Komma und vor allem auch ohne zu berücksichtigen, dass seine Ausführungen gedolmetscht werden mussten.

Äthiopien lieferte in großen Mengen Kaffee. Dies half, den Bedarf der DDR-Bevölkerung zu decken, der jährlich etwa 50 000 Tonnen ausmachte. Die DDR zahlte zum Ärger des äthiopischen Handelsministers nicht bar in harten Devisen. Sie lieferte Industriegüter, auch sogenannte Spezialtechnik. Im Klartext waren das Waffen für den Kampf an zwei Fronten – Eritrea und Somalia. Alexander Schalck-Golodkowski erhielt den Auftrag, über sein KoKo-Netzwerk in allen Großbäckereien Westeuropas haltbares Brot für die Soldaten Mengistus backen zu lassen und bezahlte in harter Währung. »Die vielen schönen Maschinenpistolen«, deren Anzahl dem DDR-Verteidigungsminister Hoffmann schlaflose Nächte bereitete, und die militärisch umgerüsteten W50-Lkw hätten im Kampf gegen die somalischen und eritreischen Angreifer wenig genützt, wären die Soldaten der regulären 300 000-Mann-Armee vor Hunger kollabiert. Wir lieferten aber auch das höchst gelegene Zementwerk der Welt, bei dessen Einweihung ich die Ansprache von Erich Honecker zu dolmetschen hatte. Die DDR ging bis an die Grenze ihrer keineswegs unbegrenzten Kapazitäten, galt es doch, im fernen Afrika den ersten sozialistischen Stützpunkt zu schaffen. Angesichts des riesigen Aufwands wurde uns schwindlig zumute. Doch wir glaubten mit beinahe religiöser Hingabe an den guten Zweck dieses einmaligen Entwicklungsprojekts. Mit der feierlichen Enthüllung des ersten Karl-Marx-Denkmals auf afrikanischem Boden auf dem *Sidist Kilo* vor dem Haupteingang der Universität von Addis Abeba, geschaffen von dem Mecklenburger Bildhauer Jo Jastram, war es bei weitem nicht getan. Die DDR unterstützte den Aufbau der ersten Medizinischen Akademie in Gondar am Tanasee. Vielfältige Hilfe wurde auf den Gebieten der Landwirtschaft und der Volksbildung geleistet. Das landesweite Programm zur Bekämpfung des Analphabetentums lief in zehn äthiopischen Sprachen.

Auf Drängen von Werner Lamberz reihten sich auch die Sowjetunion und Kuba in diese »antiimperialistische Front« ein. In und um Äthiopien tobten in den siebziger und achtziger Jahren sogenannte Stellvertreterkriege. Die Globalstrategen des Westens waren durchaus am Scheitern des äthiopischen Experiments interessiert. Sie unterstützten im Norden die für ein

Erich Honecker und Mengistu Haile Mariam, Staatschefs der DDR und Äthiopiens 1979 im zentralamharischen Hochland, 2000 Meter über dem Meeresspiegel (Autor 3.v.r.)

unabhängiges Eritrea kämpfenden Kräfte unter dem heutigen Staatspräsidenten Isaias Afewerki und im Osten die Somalis, die den Ogaden erobern wollten. Rund um das zentralamharische Kernland waren für den schlimmsten Fall bereits Verteidigungsstellungen errichtet. Die UdSSR schickte schweres Gerät. Castro entsandte 30000 Soldaten, die in den Schlachten um Dire Dawa einen unglaublichen Blutzoll entrichteten. Die beiden Weltlager des Kalten Krieges versuchten mit allen Mitteln, diese strategisch wichtige Region im Osten Afrikas unter ihre Kontrolle zu bringen. Das Schicksal des Landes stand auf Messers Schneide. Wir glaubten damals, dass hier auch die sozialistische Zukunft eines großen Volkes auf dem Spiel stand. Deshalb war Äthiopien für viele von uns nicht nur ein historisch faszinierendes und landschaftlich einmalig schönes Land, sondern eine Herzensangelegenheit.

Wir engagierten uns unermüdlich mit Sachverstand und Leidenschaft. Das Abenteuer trug eindeutig die Handschrift von Werner Lamberz. Goad (amhar. Genosse) Lamberz wurde zum Inbegriff des »sozialistischen« Äthiopien. Am 6. März 1978 kam er bei einem bis heute nie völlig aufgeklärten Hubschrauberabsturz in der Libyschen Wüste ums Leben. Mit ihm starben in den Flammen der abgestürzten Maschine mein ebenfalls langjähriger Freund Paul Markowski, Leiter der Abteilung Internationale Verbindungen beim ZK der SED, mein Kollege Armin Ernst und ein Pressefotograf der Ostberliner Agentur Zentralbild.

Lamberz' letzte Mission: Er wollte Gaddafi und über diesen die anderen arabischen Regierungen von der Notwendigkeit überzeugen, nicht länger die islamischen Herrscher von Somalia und Eritrea zu unterstützen, sondern die äthiopische Revolution. In der Zwischenzeit hatten er und andere Politiker der DDR im sogenannten »Städtchen« in Berlin-Niederschönhausen in Geheimtreffen versucht, die Äthiopier und Eritreer an einen Tisch zu bringen. Die Gespräche hatten sich tagelang bis in die späten Nachtstunden hingezogen. Sie gestalteten sich kompliziert, auch sprachlich. Aus Prestigegründen fanden die Kontrahenten keine gemeinsame Verhandlungssprache. Mein Kollege Armin Ernst dolmetschte für die Eritreer arabisch und ich englisch für die Äthiopier.

Armin war ein begnadeter und talentierter Arabist, 27 Jahre jung. Er saß am 6. März 1978 in der Unglücksmaschine, die fünf Minuten nach dem Start über dem Wüstencamp von Gaddafi in der Luft explodierte. Er hinterließ seine Frau und ein Kind. Ich hatte, einer plötzlich anders lautenden Order folgend, wider Erwarten nicht mit in dem Hubschrauber gesessen, fühlte mich in dieser Nacht wie zum zweiten Mal geboren aber gleichzeitig todunglücklich. Mit Lamberz, so das Gefühl bei vielen, war ein Hoffnungsträger verloren gegangen.

Am Tag nach dem Unglück hatte ich als Dolmetscher die traurige Aufgabe, im Arbeitszimmer des DDR-Botschafters in Tripolis die Kondolenzanrufe der dort akkreditierten Diplomaten entgegen zu nehmen. Als das Telefon zum ersten Mal klingelte, war am anderen Ende der Leitung der Botschafter der Bundesrepublik.

Am Abend war es dann meine Aufgabe, begleitet vom libyschen Außenminister Treiki, die vier Särge nach Berlin-Schönefeld zu begleiten. Leiter der Begleitgruppe waren Herbert Graf, Chef des vom ZK der SED gebildeten Arbeitsstabes Äthiopien, und Eberhard Heinrich, persönlicher Mitarbeiter des verunglückten Werner Lamberz. Diese Mission hätte um ein Haar zu einem internationalen Eklat führen können. Obwohl drei *Interflug*-Maschinen auf dem Flughafen von Tripolis geparkt waren, hatte Gaddafi darauf bestanden, dass die Überführung in einer libyschen Boeing erfolgt. Die Ankunft der Särge aus dem Stadtzentrum zum Flughafen ließ Stunden auf sich warten. Wir wussten nicht warum. Dennoch mussten wir am Rollfeld geduldig ausharren. Ich schlenderte in Richtung der Boeing und suchte Schatten unter einer Tragfläche. Neben mir unterhielten sich die libyschen Piloten auf englisch. Ich hörte, wie sie immer wieder Berlin-Tegel erwähnten, ihr vermeintliches Flugziel. Mir lief ein kalter Schauer über den Rücken. Ich eilte zu Graf, teilte ihm das Gehörte mit. Er fiel aus allen Wolken. Ein intensives Gespräch mit den libyschen Verantwortlichen offenbarte, dass den Libyern nur die Route zu dem Westberliner Flughafen Tegel geläufig war. Schönefeld war für sie ein Fremdwort. Nach einer hitzigen Diskussion erwirkte Graf schließlich, dass ein *Interflug*-Navigator in der libyschen Maschine mitfliegen durfte. In Schönefeld wartete Honecker mit der gesamten Staats- und Parteiführung. Für damalige Verhältnisse nicht auszudenken, welchen Aufruhr es gegeben hätte, wäre die Maschine im Flughafen Tegel gelandet, der ohnehin für DDR-Reisende tabu war. Als kleines Licht in der Gruppe hatte ich also geholfen, eine diplomatische Katastrophe abzuwenden.

Viele hatten die Hoffnung gehegt, dass Lamberz im Schulterschluss mit Gorbatschow fähig gewesen wäre, allmählich den Weg zu einem wahrhaft demokratischen Sozialismus zu ebnen. Allerdings immer unter der unangreifbaren Führung der Partei. Und das war ein grundsätzlicher Widerspruch. Eine derartige Hoffnung hat sich historisch als Illusion erwiesen.

Die Arbeit und auch meine Einsätze in Äthiopien gingen weiter. Als ich vier Wochen nach dem Unglück in Libyen erneut in Äthiopien eintraf, führte mich mein erster Auftrag ins Außenministerium. Jahrelang an der Seite Honeckers und Lamberz', war ich in Addis Abeba kein Unbekannter. Ich wurde sofort zum Minister Dr. Feleke Wolde Georgis vorgelassen. Der starrte mich entgeistert an. War es für ihn doch so gut wie selbstverständlich, dass ich gemeinsam mit Lamberz umgekommen sein musste.

Die engen Beziehungen endeten abrupt mit dem

Sturz Mengistus im Jahr 1991. Trotz der vielen Jahre in Äthiopien war uns gutwilligen und arglosen Ausländern vieles im Lande verborgen geblieben, vor allem die Auswüchse der neuen Diktatur, die plötzlich aufkeimende Sympathie Mengistus für Nordkorea, die Verhaftungen und die tödliche Verfolgung Andersdenkender. So waren wir maßlos enttäuscht und erschüttert als wir erfuhren, dass Mengistu wegen schwerer Verletzungen der Menschenrechte angeklagt und in Abwesenheit zum Tode verurteilt wurde. Heute lebt er mit seiner Familie unter dem Schutz von Robert Mugabe isoliert auf einer Farm in Simbabwe.

Unmittelbar nach der Wende tauchte der damalige BBC-Korrespondent Oliver Relinger aus Westberlin bei mir auf. Wir machten ein Interview über meine Arbeit als Dolmetscher der ehemaligen Größen der DDR. Wenig später wurde ich von Diana Goodman in das Ostberliner BBC-Büro zu einem weiteren Interview eingeladen. Beide Gespräche wurden in London gesendet. Schließlich wollte kurze Zeit später ein Redakteur der DPA von mir erfahren, ob bei dem Absturz des Hubschraubers am 6. März 1978 nicht auch Rivalen in der Führungsriege der DDR ihre Hand im Spiel gehabt haben könnten. Nichts ist unmöglich, aber auch nichts ist bewiesen.

Im Januar wird es kühl an den Pyramiden, Wolfgang Ghantus als Dolmetscher und Fremdenführer mit Oberkirchenrat Lotz.

Im Land der Pharaonen

Nach dem zwanzigsten Dolmetscheinsatz über Jahrzehnte in Ägypten habe ich mit dem Zählen aufgehört. Die sechs großen Pyramiden auf der Hochebene von Gizeh bei Kairo sind ein unvergesslicher Anblick. Mindestens ebenso lehrreich und voller Überraschungen war jedoch ein Kamelritt zwanzig Kilometer durch die Wüste zu den kleineren Stufenpyramiden von Sakkara. In einer der über die Jahrtausende in aller Farbenpracht erhaltenen Wandmalereien war ein Kaiserschnitt bei einer kalbenden Kuh dargestellt. So weit war die Veterinärmedizin im alten Ägypten bereits vor 3000 Jahren.

Fährt man mit dem klimatisierten Zug von Kairo 1000 Kilometer zum oberägyptischen Assuan, so erlebt man etwas Eigenartiges. Rechts, westlich vom Gleisbett, fließt der Nil. Über mehrere hundert Meter blüht und sprießt üppige Vegetation. Dahinter, wie mit einem Lineal gezogen, beginnt die Wüste, in der außer Skorpionen und Vipern kaum noch etwas Lebendiges gedeiht. Links, also ostwärts, liegen zwischen Sand und Felsen die Dörfer der Fellachen. Jeder bewässerungsfähige Quadratmeter wird landwirtschaftlich genutzt. Die hart arbeitenden Fellachen haben ihre Lehmhütten in der unfruchtbaren Einöde.

Durch dieses Land abseits der Touristenzentren zu reisen und einen Eindruck vom Alltag der arbeitenden Menschen zu bekommen war ein Privileg, dessen ich mir bewusst war.

Ein weiteres außergewöhnliches Erlebnis war im Frühjahr 1961 die Begleitung des Ägyptologen Professor Grapow, Autor des *Großen Hieroglyphen-Wörterbuches*. Er war Westberliner, arbeitete jedoch an der Ostberliner Akademie der Wissenschaften. Erst bei einem Empfang in der damaligen Kairoer Handelsvertretung der DDR wurde mir klar, wen ich da eigentlich zu betreuen hatte. Erschienen waren alle, die in der Ägyptologie Rang und Namen hatten, Professoren mehrerer Universitäten zwischen Alexandria und Assiut, fast durchweg ehemalige Schüler von Grapow, der über die Hälfte seiner damals 75 Lebensjahre bei Ausgrabungen in Oberägypten zugebracht hatte. Bei sengender Hitze nach dem »Hamsin« trabten wir durch die Tempel von Luxor und die riesige Grabkammer Ramses II. im Tal der Könige. Die Wände waren meterhoch mit Hieroglyphen bedeckt. Die las er uns vor, als sei es eine Berliner Tageszeitung.

Tragik der Revolutionäre

Hatte meine aktive Laufbahn als Dolmetscher vor politischem Hintergrund beim ersten Deutschlandtreffen der Freien Deutschen Jugend im Mai 1950 mit dem etwas tragikomischen Debüt der Begegnung mit dem fließend deutsch sprechenden John Peet begonnen, so sollte das zweite Deutschlandtreffen vier Jahre später ein weiterer Meilenstein auf diesem Weg werden. Inzwischen hatte ich mir einige Sporen als Sprachmittler verdient, die damals offizielle Bezeichnung unserer Zunft, und zwar nicht nur bei politischen Themen, sondern auch darüber hinaus in Wissenschaft, Technik und Kultur.

Wieder erreichte mich ein Anruf aus dem Zentralrat der FDJ, der inzwischen in einen repräsentativen Viergeschosser, den früheren Zollernhof in der Straße Unter den Linden, umgezogen war. Heute residiert dort das Hauptstadtstudio des ZDF.

Die DDR und auch die FDJ hatten international an Ansehen gewonnen. Diesmal kamen etwas über dreitausend ausländische Teilnehmer, darunter große Volkskunstensembles und politische Delegationen aus einigen Dutzend Ländern. Ich wurde mit der Funktion des Chefdolmetschers betraut und erhielt als »Büro« einen Riesenschreibtisch im Senatssaal der Ostberliner Humboldt-Universität. Von dort aus agierte ich fast rund um die Uhr, denn ich hatte mit einem winzigen Grüppchen von ehrenamtlichen Mitarbeitern die Programme, Exkursionen, Freundschaftstreffen und sonstigen Veranstaltungen dieser Massen an Teilnehmern zu organisieren und zu koordinieren. Zu meiner Truppe gehörten über hundert Dolmetscher für viele Sprachen. Dauernd musste ich auch ihre Fragen beantworten und echte oder scheinbare Probleme lösen helfen, die sie mit ihren Delegationen hatten. Fast alles wurde bei mir abgeladen. Zum Schlafen blieben nur wenige Stunden auf einem Feldbett am Einsatzort. Am dritten Tag schwirrte mir derart der Kopf, dass ich erst bei näherem Hinsehen meine Frau erkannte, die mit meiner damals zwei Jahre alten Tochter im Senatssaal auftauchte, um zu sehen, ob ich denn überhaupt noch lebe.

Am gleichen Tag passierte noch etwas. Die große Flügeltür wurde mit Schwung von außen aufgestoßen, und herein marschierte eine etwa fünfzig Jahre alte Frau, die ein junges Mädchen hinter sich herzog. Ohne lange Vorrede bauten sich beide vor meinem Tisch auf, der ihnen wohl als Ansprechziel bedeutet worden war. Die Frau sprach als erste, und zwar im Befehlston: »Mein Name ist Nadja Bunke, und das hier ist meine Tochter Tamara. Sie ist die geborene Revolutionärin und spricht außerdem fließend spanisch. Deshalb muss sie hier bei euch als Dolmetscherin eingesetzt werden.« Tamara war während der Emigration ihrer kommunistischen Eltern 1937 in Argentinien geboren worden. Es war und blieb das Land ihrer Sehnsucht. Spanisch-Dolmetscher waren nicht gerade dicht gesät, und wir hatten einige Delegationen aus lateinamerikanischen Ländern. Also wurde sie engagiert.

Tamara war eine herbe Schönheit mit einer etwas heiseren Stimme, immer mit einem Poncho um die Schultern und einer Kugel Mate in der Hand, dem bitteren südamerikanischen Tee, den sie aus einer langen Röhre schlürfte. Sie glühte vor revolutionärem Enthusiasmus. Auf einer gemeinsamen Busfahrt nach dem Deutschlandtreffen quer durch die DDR war sie neben einem General a.D. aus Uruguay platziert und versuchte ihn hartnäckig und vergeblich von den Vorzügen des Kommunismus zu überzeugen.

Wir haben danach noch öfter bei internationalen Veranstaltungen als Dolmetscher zusammen gearbeitet. Sie begann an der Humboldt-Universität ein Romanistikstudium. Ich übernahm die Aufgabe, sie auf die Tätigkeit einer professionellen Dolmetscherin vorzubereiten. Fast fünf Jahre später lief sie mir in der Berliner Friedrichstraße über den Weg. Mit ihrem südamerikanischen Temperament, an das ich mich in den Jahren unserer Bekanntschaft gewöhnt hatte, stürzte sie aufgeregt auf mich zu: »Ich muss unbedingt nach Kuba! Dort hat die Revolution gesiegt und wird bestimmt auf ganz Lateinamerika übergreifen. Da muss ich mitmachen. Das hilft auch dem Sozialismus in Europa und dem Weltfrieden.« Ich wollte ihr gut zureden und versuchte ihr beizubringen, dass sie überall, also auch in Berlin, für Frieden und Sozialismus wirken könne.

Vergeblich. Sie war nicht zu bändigen. Dies war unsere letzte Begegnung. Wie es weiter ging, weiß ich nur aus Berichten von Beobachtern, Parteifunktionären, Mitstreitern, die noch lange danach Kontakt mit ihr hatten.

In der Pankower Breiten Straße hatten die Kubaner eine Handelsvertretung eröffnet. Die Botschaft kam erst eine Weile später. Tamara hatte die Kubaner mit unwiderstehlicher Hartnäckigkeit so lange bearbeitet, bis sie in der Vertretung zunächst als freie Mitarbeiterin engagiert wurde. In der Anfangszeit verstanden sich Fidel Castro und seine Mitstreiter noch nicht als Marxisten, sondern als nationale Revolutionäre.

Im November des Jahres 1960 landete in Schönefeld, aus Moskau kommend, eine Maschine der Aeroflot. Eine kubanische Delegation unter der Leitung des damaligen Industrieministers Ernesto Guevara, »Che«, kam zu einem Kurzbesuch nach Berlin. Da Che leidlich, seine Begleiter jedoch gut englisch sprachen, wurde ich im Auftrag der Kammer für Außenhandel der Gruppe als Dolmetscher und Betreuer zugeteilt. Warum man auf die Schnelle keinen Spanischdolmetscher auftreiben konnte, habe ich nie erfahren. Auch Tamara Bunke war damals noch nicht »etabliert«. Am Abend des zweiten Besuchstages gab die Kammer für Außenhandel in einer Regierungsvilla in Pankow einen Empfang für Che in kleinem Kreise, bei dem ich als Dolmetscher nicht benötigt wurde. Tamara hatte davon Wind bekommen und schaffte es, sich an allen Sicherheitsleuten vorbei Zugang zu verschaffen, stand plötzlich im Raum und redete auf Che ein. Der war überrascht, aber freundlich, aufgeschlossen und einem Gespräch nicht abgeneigt. Einige Wochen danach erhielt Walter Ulbricht eine persönliche Botschaft von Fidel Castro, in der auch Tamaras Leidenschaft für die kubanische Revolution erwähnt und dem Staatsoberhaupt der DDR nahe gelegt wurde, ihren Reisewunsch in die Karibik wohlwollend zu prüfen.

Am 1. Mai 1961 landete sie auf dem José Marti Airport in Havanna. Für kurze Zeit war sie in der Vertretung der DDR angestellt. Die dortigen Sicherheitsleute fanden jedoch heraus, dass sie verdeckt für den kubanischen Geheimdienst arbeitete. Das konnte bei aller Sympathie für die kubanische Revolution nicht akzeptiert werden. Ihre ehrenhaften Motive wurden anerkannt, aber sie sollte Kuba verlassen und in einem anderen Land für die DDR tätig sein. Tamara sagte »Nein« und war am nächsten Tag verschwunden. Eine Weile hörte man nichts mehr von ihr, bis eines Tages der neu akkreditierte DDR-Botschafter Fritz Johne zu einer Audienz mit Fidel Castro am Regierungspalast vorfuhr. Johne war ein bewährter Spanienkämpfer auf der Seite der Republikaner, Politoffizier im 3. Bataillon »T.G. Masaryk« und ab 1959 Kommandeur der Militärakademie der NVA in Dresden. Im Vorzimmer des »Lider« (in Kuba übliche Verballhornung des englischen Wortes »leader« für Führer) empfing ihn zunächst Fidels Leibwache, unter ihnen in hautenger Milizuniform mit umgehängter Maschinenpistole Tamara Bunke.

Die Zeit danach ist hinreichend in Büchern und Filmen behandelt worden. Mein ehemaliger Schützling mit dem Kampfnamen »Tania la Guerrillera« hat 1967, kurz vor ihrem 30. Geburtstag, in der Partisanengruppe von Che Guevara im Dschungel Boliviens ein tragisches Ende gefunden. Sie war eine charakterstarke Persönlichkeit mit ausschließlich ehrenhaften Motiven und gehörte zu den mutigen, kompromisslosen Kämpfern für eine bessere Welt. Der tragische Irrtum ihres heldenhaften, tollkühnen Lebens bestand darin, dass sie, wie ihr Vorbild Che Guevara, glaubte, man könne die Revolution exportieren.

Mein erster und letzter persönlicher Kontakt mit Che Guevara gehört zu den besonderen Erlebnissen in meinem Berufsleben. Abgesehen von einigen politisch nicht weltbewegenden Gesprächen mit DDR-Vertretern auf mittlerer Ebene, wollte er einkaufen, und zwar optische Geräte. Er war, was viele vielleicht nicht wissen, im »Zivilberuf« Augenarzt. Ich half ihm so gut ich konnte. Che war im persönlichen Umgang sanftmütig, fast feminin. Niemals hätte ich ihn als glühenden Revolutionär wahrgenommen. Dennoch, es war eine außergewöhnliche Begegnung.

Fidel Castro selbst traf ich in Kuba auf einer internationalen Konferenz, bei der ich als Englisch-Deutsch-Dolmetscher eingesetzt war. Ich war heilfroh über meine wenigstens rudimentären Kenntnisse der spanischen Sprache, denn urplötzlich und unerwartet tauchte er bei einer kleinen deutsch-deutschen Gesprächsgruppe im Raum auf und … fing an zu reden. Gott sei dank kurz, keine seiner üblichen Drei-Stunden-Ansprachen. Ich flüsterte, was das Zeug hielt und hatte Schweißperlen auf der Stirn. Fidel oder einer seiner Begleiter musste meine Anstrengung bemerkt haben. Jedenfalls überreichte Fidel mir einen ausgehöhlten Baumstumpf aus Plastik, darin eine übergroße Flasche besten kubanischen Rums.

⅄ ⅄ ⅄

Der britische *Observer* und viele andere der Sympathie für die Linken absolut unverdächtige Zeitungen brachten in ihren Oktober- und Novemberausgaben des Jahres 2000 Nachrufe auf Gus Hall, den am 13. Oktober in New York im Alter von neunzig Jahren verstorbenen Generalsekretär der Kommunistischen Partei der USA. Hall war eine legendäre Persönlichkeit der amerikanischen Arbeiterbewegung und genoss als Kampfgenosse von Ernst Thälmann und Georgi Dimitroff

Gus Hall (2.v.l.) in Berlin

auch international Ansehen, wenngleich ihm auch immer wieder seine Nähe zum Stalinismus vorgehalten wurde. Er gehörte zu jenen Menschen, denen jede Art von Karrierismus absolut fremd und zuwider war. Weder Verfolgung noch jahrelange Haft konnten ihn von seinen Prinzipien abbringen. Wann immer er die DDR besuchte, war ich sein Betreuer und Dolmetscher und lernte auch seine Frau kennen. Im Laufe der Jahre wurden wir persönliche Freunde. So kam es, dass wir nach seinem offiziellen Besuchsprogramm oft nächtelang zusammen saßen und über alles diskutierten, was die Welt im Innersten zusammenhält. Seine Prinzipienfestigkeit war weit stärker ausgeprägt als sein Verständnis für die unausweichlichen Veränderungen in Politik und Gesellschaft. So fragte er mich allen Ernstes immer wieder, warum »die vom westdeutschen Kapitalismus ausgebeuteten Arbeiter« nicht in Scharen in die DDR flüchteten, sondern die Völkerwanderung in genau umgekehrter Richtung verlief.

Als ich nach der Wende im Frühjahr 1990 bei einem Christen-Marxisten-Treffen in York, Pennsylvania, zu dolmetschen hatte, angeheuert von dem Wiener Institut für Friedensforschung und der Universität der Bundeswehr in München, konnte ich es mir nicht verkneifen, vorher in der 23. Straße der New Yorker West Side vorbei zu schauen, dem Sitz der amerikanischen KP. Gus Hall empfing mich mit großer Freude und wollte unbedingt wissen, was es denn mit dem Mauerfall vom 9. November 1989 auf sich habe. »Was soll das alles bedeuten? Wie wird die DDR damit fertig? Ich habe gestern mit Hermann Axen vom SED-Politbüro telefoniert. Der meinte, man müsse die neue Lage erst mal gründlich analysieren. Erst dann könne man Beschlüsse zur Rettung des Arbeiter- und Bauern-Staates fassen.« Unglaublich. Und doch glaubte er mit geradezu religiöser Inbrunst an den weltweiten Sieg des Sozialismus.

Viele seiner Genossen hatten bereits vorher seine doktrinäre Partei verlassen, unter ihnen Herbert Aptheker, der Chefideologe, für den ich bei früheren Veranstaltungen mit Vergnügen gedolmetscht hatte. Auch die in der ganzen Welt bewunderte Angela Davis war bereits aus der Partei ausgetreten. Ich bin ihr in Berlin und in Cleveland, Ohio, mehrmals begegnet. Sie war eine unerschrockene Kämpferin für die Bürgerrechte in den Vereinigten Staaten – und eine brillante Intellektuelle, die einem in bewundernswerter Weise den letzten Nerv rauben konnte, weil sie dank ihrer Frankfurter Studienzeit ein gepflegt kultiviertes Deutsch sprach und meinte, alle sprachlichen Feinheiten geschliffener ausdrücken zu können als ein so viel weniger gebildeter Dolmetscher.

⅄ ⅄ ⅄

Tragisch im Nachhinein war unsere persönliche Begegnung mit Salvador Allende im September 1972 anlässlich einer internationalen Konferenz im Gebäude der UNCTAD (Spezialorganisation der Vereinten Nationen für Handel und Entwicklung) an der Alameda in Santiago de Chile, auf der neben spanisch auch englisch simultan gedolmetscht wurde. In den Dolmetscherkabinen des modernen Kongresszentrums herrschte Hochbetrieb. Es blieb sehr wenig Zeit, Land und Leute kennen zu lernen. Dennoch erhielten wir einen Eindruck von den Turbulenzen jener Tage in dem südamerikanischen Land, in dem wir nach 22 Stunden Flug gelandet waren. Auf dem Weg zur Arbeit wurden wir Zeugen der lautstarken Demonstrationen gegen Allende vor der benachbarten Katholischen Universität. Landesweite Streiks der Speditionsunternehmer hatten die Versorgung der Bevölkerung ernsthaft beeinträchtigt. Die Regierung Allendes hatte große Schwierigkeiten, das Versprechen einzulösen, jedem bedürftigen Kind täglich einen Liter Milch zu garantieren. Wir erlebten aber auch die Begeisterung der Menschen für Allendes *Unidad Popular*. Gegen Ende unserer Konferenz erhielten wir von ihm eine Einladung in die Moneda, den Präsidentenpalast an der Plaza des Armas im Zentrum der chilenischen Hauptstadt. Mit einem kräftigen Händedruck und freundlichen Worten dankte er uns für die geleistete Arbeit. Sein Heereschef General Augusto Pinochet hatte ihm unbedingte Loyalität gelobt. Ein Jahr später ließ er die Moneda bombardieren. Allende blieb bis zum letzten Atemzug auf seinem Posten. Mit ihm starb am 11. September 1973 der Traum von einer auf friedlichem, demokratischem Weg erreichbaren sozialistischen Gesellschaft. Seine letzte Ansprache wurde wenige Minuten vor seinem Tod aus seinem Arbeitszimmer über *Radio Magellan* übertragen. Die Aufzeichnung auf Band wurde gerettet. Einige Wochen später wurde eine internationale Solidaritätskonferenz nach Helsinki einberufen, an der Überlebende des Putsches teilnahmen. Sie reichten uns das Band in die Kabine. Wir dolmetschten den Text der Rede in mehrere Sprachen.

An der schönen blauen Donau … und im Spree-Athen

Zwei Filme über das Wien der Nachkriegszeit sind mir in besonderer Erinnerung, beide aus den fünfziger Jahren: der düster spannende Agenten-Thriller *Der Dritte Mann* nach dem gleichnamigen Roman von Graham Greene und die kitschig aber geniale Komödie von Billy Wilder *Vier Mann in einem Jeep*. Beide haben mein Kindheitsbild von der sorglos und beschwingt in den sonnigen Tag hinein lebenden Donaumetropole à la Hans Moser und Marika Rökk bereichert und korrigiert.

Der Internationale Flughafen Wien-Schwechat existierte noch nicht. An einem klirrend frostigen Morgen im Januar 1955 rollte der *Vindobona* aus Berlin in den Wiener Franz-Josef-Bahnhof ein, und mein erster Dolmetscheinsatz bei einer Exekutivtagung des Internationalen Studentenbundes in Österreich begann. Das war vier Monate vor dem Wiener Staatsvertrag, der das Vier-Mächte-Besatzungsregime beendete und Österreich als unabhängigen Staat wiederherstellte. Der 1. Bezirk, das Zentrum mit seinen weltberühmten Bauten der Staatsoper und dem Hotel Sacher war eine trostlose Ruinenlandschaft. In den Mauern des Stephansdoms klafften notdürftig zementierte Risse von Bombentreffern aus den letzten Kriegswochen. Auf dem Platz vor dem Gotteshaus hatte die Wiener Stadtverwaltung eine provisorisch zusammengezimmerte Bretterbude aufbauen lassen. Drinnen stand die im letzten Moment gerettete »Pummerin«, die große Glocke des Doms. An der Tür hing ein Holzkasten mit der Aufschrift: »Hier kann jeder für einen Schilling einmal ›pummern‹. Deine Spende soll helfen, unseren geliebten ›Steffl‹ wieder aufzubauen.« Auch ich habe »gepummert« und mir den einen Schilling vom karg bemessenen Tagegeld abgeknapst. Für einen Schilling konnte man damals eine Strecke mit der Tram fahren. Fünf Schilling kostete meine erste dreigängige Mittagsmahlzeit in einem Restaurant der Mittelklasse. Kurz vor der Einführung des Euro kostete eine Straßenbahnfahrkarte achtzehn Schilling, und fünf Schillinge reichten gerade für einen »Braunen«. Beim Gang durch so manche enge Gasse meinte man, die geheimnisvollen Zitterklänge des Filmmotivs vom *Dritten Mann* zu vernehmen. In Billy Wilders *Vier Mann in einem Jeep* wurden ganz andere Töne angeschlagen. Ich erlebte die »Vier« in Natura. Wien, ähnlich wie Berlin, war in vier Sektoren unterteilt, aber nur bis zum Abschluss des Staatsvertrages am 15. Mai 1955. Der 1. Bezirk stand jedoch unter gemeinsamer Viermächteverwaltung. Monatlich wechselte das Kommando. Wenn ein Jeep der Militärpolizei vorbeirollte, erkannte man auf den ersten Blick, wer in diesem Monat den Hut auf hatte. Drinnen saßen immer je ein Amerikaner, Engländer, Franzose und Russe. Derjenige, dessen Militärverwaltung im jeweiligen Monat die Kontrolle im 1. Bezirk ausübte, saß am Steuer. Wilders Film war ein Zeitdokument. Die um die vier Besatzer konstruierte Liebesgeschichte war Nebensache.

Der Winterkälte und den Nachkriegsmängeln zum Trotz hatte Wien nie seinen ganz besonderen, etwas angestaubten, liebenswerten Charme verloren, den sprichwörtlichen »Weaner Schmäh«. Aus einigen der bereits genannten Wortschöpfungen ist leicht zu ersehen, dass Österreichisch und Deutsch nicht unbedingt deckungsgleich sind. Die Tram steht für Straßenbahn, der Trafik für einen Tabak- und Zeitungsladen, in dem man die Tram-Tickets kauft, der Braune für einen schwarzen Kaffee, Paradeiser für Tomaten, Marillen für Pflaumen und so weiter. Der »Schmäh« ist überhaupt nicht zu übersetzen. Den muss man erleben. Das alles muss man auch fürs Dolmetschen wissen. Aber nicht nur viele Wörter, sondern auch die immer noch etwas K.u.K.-gefärbten Denkweisen unterscheiden sich angenehm vom strengeren Preußendeutsch. Vieles klingt nach Grinzing und dem Heurigen, dem Wein des Jahres, der frisch nach der Lese als »Sturm« angeboten wird.

Wo sich heute in den verkehrsfreien Fußgängerzonen der Kärntner Straße und am Graben massenweise Touristen aus aller Welt tummeln oder für teures Geld im Fiaker durch die Gegend kutschieren lassen, fuhren damals Straßenbahnen. Nur wenige Hotels und Pensionen hatten wieder ihre Tore geöffnet. Deshalb wurden wir Teilnehmer und Mitarbeiter einer für uns wichtigen, aber für die Weltpolitik unbedeutenden Konferenz meist in Mehrbettzimmern untergebracht. Ich teilte mir ein Doppelzimmer mit dem ostdeutschen Jugendfunktionär Oskar Fischer und ahnte natürlich nicht im Traum, dass ich ihm Jahrzehnte später als Außenminister der DDR an der Seite Erich Honeckers erneut begegnen sollte. Wien wurde zum Drehkreuz internationaler Veranstaltungen, und meinem ersten Einsatz folgten viele weitere über drei Jahrzehnte.

Da war die Konferenz über die Sozialpartnerschaft, ein im Osten verpöntes Konzept als Ersatz für den Klassenkampf, ausgerichtet von der Kommunistischen Partei Österreichs (KPÖ) unter Generalsekretär Franz Muhri. Die KPÖ war dank der Hinterlassenschaften der sowjetischen Besatzungsmacht steinreich, jedoch ohne nennenswerten politischen Einfluss. Muhri hatte sich dem so genannten Euro-Kommunismus zugewandt und sich damit um einen winzigen Schritt von der Breshnew-Doktrin distanziert. Er lud uns Dolmetscher zum Heurigen ein, hatte den ganzen Abend ein gewinnendes Lächeln auf den Lippen, lauschte andächtig und leicht ungläubig, wenn wir vom Alltag im real existierenden Sozialismus erzählten und hatte nicht das geringste Verständnis für kritische politische Witze. Einige der österreichischen Genossen machten auf uns einen recht buntscheckigen Eindruck, denn wir hatten die naive Vorstellung, dass die KPÖ eine Partei von Proletariern sein müsste. Einer von ihnen war der Herr Hofrat Dürnberg, ein wohlbetuchter Rechtsanwalt mit einer Kanzlei in einer Toplage am Ring. Ein anderer war ein erfolgreicher Journalist, Rundfunkredakteur, der von der sowjetischen Militäradministration finanzierten *Russischen Stunde*. Der dritte war ein Beamter im Ruhestand mit einer für unsere Begriffe üppig dotierten Pension. Alle drei hatten jedoch gemeinsam in Spanien gegen Franco gekämpft zu haben, der Beamte als Panzerfahrer in den Internationalen Brigaden. Seine Frau und Tochter hatten im Exil die Hungerblockade in Leningrad überlebt und waren nur durch die Intervention von Dimitroff, der damals Leiter der Moskauer Komintern war, davor bewahrt worden, von Stalin an seinen Paktpartner Hitler ausgeliefert zu werden.

Für die meisten meiner österreichischen Dolmetscheinsätze fungierte als Veranstalter das am Möllwaldplatz im 4. Bezirk angesiedelte *Institut für den Frieden*. Der ganze Möllwaldplatz war ein verkehrsfreier Innenhof, umrahmt von großbürgerlichen Wohnhäusern mit hochherrschaftlichen Ein- und Aufgängen aus Marmor und Messing und mit reich verzierten Fahrstühlen, die wohl noch unter der Herrschaft von Kaiser Franz Josef gestaltet worden waren. Eigentümer dieser kostbaren Immobilie war das Zentralkomitee der Kommunistischen Partei der UdSSR. Doch das war damals ein vor der Öffentlichkeit sorgsam gehütetes Geheimnis, und auch ich erfuhr davon erst später. Das Leitungsgremium des Instituts, der Wissenschaftliche Beirat, wurde von einem Kanzler angeführt, einem österreichischen Außenminister im Ruhestand. Ihm zur Seite agierten ein ständig lächelnder katholischer Priester, Direktor des Zentrums für Friedensforschung an der Katholisch-Theologischen Fakultät der Wiener Universität, mit wissenschaftlich und auch finanziell höchst nützlichen Verbindungen zu kirchlichen Autoritäten in verschiedenen Ländern, ein Philosoph aus der Bundesrepublik, ein Germanist aus Moskau und Prof. Dr. Max Schmidt, Direktor des Instituts für Politik und Wirtschaft (IPW) in Ostberlin, dem »Think Tank« der DDR-Führung. Das Wiener Institut organisierte und sponserte über drei Jahrzehnte hinweg, über das Ende des Kalten Krieges hinaus, vor allem in Österreich und beiden deutschen Staaten, aber auch in Frankreich, den USA, Schweden, den Niederlanden und der Sowjetunion alljährlich zahlreiche Konferenzen zu den verschiedensten Aspekten der Friedenserhaltung und der internationalen Sicherheit. Eine englische Dolmetscherkabine war bei allen Veranstaltungen dabei, zuweilen aber auch eine russische und französische. Ich war stets mit von der Partie und kam dadurch mit vielen, höchst interessanten Persönlichkeiten aus aller Welt in Kontakt und in einigen Fällen nach den Sitzungen bei einem guten Wein auch ins persönliche Gespräch. Zu ihnen gehörte Klaus von Dohnanyi, Sohn eines von den Nazis hingerichteten Verschwörers vom 20. Juli 1944, Enkel des bereits erwähnten Professors Bonhoeffer, leitender Beamter in verschiedenen Ämtern der deutschen Bundesregierung, zwölf Jahre lang Erster Bürgermeister der Freien und Hansestadt Hamburg, prominenter Stratege der SPD.

An der Elbchaussee im Hamburger Nobelviertel Blankeneese liegt eine der teuersten Immobilien der Hansestadt, das *Haus Rissen* nebst Gästehäusern, eine Begegnungsstätte, gemeinsam finanziert vom Auswärtigen Amt und der Industrie. In den Jahren des Kalten Krieges spielte das Haus eine nicht geringe Rolle. Hier dolmetschte ich gemeinsam mit russischen Berufskollegen auf Konferenzen zwischen Entscheidungsträgern auf Ost-West-Tagungen, die nicht unbedingt in die Öffentlichkeit getragen wurden. Bei einer solchen Tagung hatten wir Besuch von nebenan, der unmittelbar benachbarten Führungsakademie der Bundeswehr. Die Teilnehmerliste umfasste alle Anwesenden, darunter Generalmajor von Galen, Kommandeur der Führungsakademie, und in der nächsten Zeile ganz bescheiden und ohne Titel Ghantus, Wolfgang, Berlin, fein geordnet in alphabetischer Reihenfolge. Bei allen derartigen Treffen hatte auch das Wiener Institut seine Hand im Spiel.

An einem lauen Sommerabend wieder in Wien, den wir viel lieber am Ufer der Donau, im Schlosspark von Schönbrunn oder im Prater verbracht hätten, wurde ich zum Konsekutivdolmetschen ins Dachgeschoss des Instituts gebeten. Dort waren die internationalen Konferenzteilnehmer vom russischen Geschäftsführer

Dr. Bruskow und seiner Frau Elena nach getaner Sitzungsarbeit zu einem geselligen Beisammensein eingeladen. Bei köstlichen selbstgebackenen Pelmenis, russischem Wodka und Krimsekt lösten sich alsbald die Zungen der Gäste und man kam weitgehend ohne Dolmetscher aus. So war es mir vergönnt, mit einem der illustren Tagungsteilnehmer in ein zwangloses Gespräch zu kommen, Wolf Graf von Baudissin, General a. D. der Bundeswehr, Gründungsdirektor des Instituts für Friedensforschung an der Universität Hamburg, Vorgänger des späteren Institutschefs Egon Bahr. Gemeinsam mit den Generälen Johann Adolf Graf von Kielmannsegg und Ulrich de Maizière, Onkel des letzten Ministerpräsidenten der DDR, war er ein geistiger Vater des »inneren Wehrgefüges« und Mitautor der geheimen Himmeroder Denkschrift, unter anderem zum »Bürger in Uniform«, des größten Reformkonzepts in der deutschen Militärgeschichte. Sein Interesse an der Tätigkeit des Wiener Instituts für den Frieden, so erläuterte er mir, war durch sein Engagement für die westdeutsche Friedensbewegung »Generäle für den Frieden« geweckt worden. Ich wurde hellhörig, als er seine 1941 erfolgte Abkommandierung in den Generalstab von Generalfeldmarschall Erwin Rommel, Oberkommandierender des deutschen Afrika-Korps, erwähnte, war doch zwei Jahre später mein Vater kurzzeitig in Rommels Hauptquartier als Dolmetscher für Arabisch und Französisch eingesetzt.

So traf ich als einfacher Dolmetscher ohne Anbindung an staatliche Ämter immer wieder bemerkenswerte Personen der Nachkriegsperiode.

⅄ ⅄ ⅄

Prof. Dr. Max Schmidt war nicht nur einer der Leiter des Wiener Instituts. Er war, wie bereits erwähnt, Direktor des Instituts für Internationale Politik und Wirtschaft in der damaligen Hauptstadt der DDR. Mit dem IPW war ich über viele Jahre hinweg als freiberuflicher Dolmetscher und Übersetzer verbunden. Ich begleitete Max Schmidt auf vielen Reisen in die USA, Großbritannien, die Schweiz, Finnland, Italien und natürlich immer wieder auch Österreich. Aus dem Vertrauensverhältnis wurde im Laufe der Zeit eine enge persönliche Freundschaft. Schmidt gehörte in gewissem Sinne zum inneren Zirkel der DDR-Führung. Er war auf gleicher Ebene wie ein Regierungsmitglied direkt dem Politbüro der SED und Honecker unterstellt und leitete ein Institut mit 115 wissenschaftlichen Mitarbeitern, darunter achtzehn Professoren und 35 promovierten Politologen, Ökonomen, Historikern und Philosophen. Durch mehr als 300 Sekretäre, Sachbearbeiter und Archivare wurde ihnen der Rücken frei gehalten, damit sie nicht selbst ihre Bleistifte anspitzen oder Papiere sortieren mussten, sondern sich ausschließlich ihren Aufgaben in der angewandten Forschung widmen konnten. Sie waren respektable, wissenschaftliche Zuarbeiter der eigentlichen Herrscher der DDR. Um diese in der DDR einmaligen Arbeitsbedingungen waren sie allenthalben nur zu beneiden. Stand eine strategische Entscheidung an, so wurden die IPW-Experten hinaus in die weite Welt geschickt, um vorbereitende Analysen zu erarbeiten. Dazu gehörten zuweilen auch vertrauliche Dokumente der US-Administration, die ich ins Deutsche zu übersetzen hatte. Das jeweilige Ergebnis wurde für die Oberen lesbar auf zwei DIN-A4-Seiten komprimiert und leider immer wieder zum Schaden des eigenen Landes ignoriert, wenn es allzu kritische und damit unangenehme Passagen enthielt. Max Schmidt, an der Spitze dieser Elite-Truppe, war ein Arbeitstier im wahrsten Sinne des Wortes. Er war der bescheidenste, fürsorglichste und natürlichste Mensch, der mir auf dieser hohen Ebene je begegnet ist. Er hatte in vielen Ländern Gesprächspartner, die ihren jeweiligen Regierungen sowie internationalen Organisationen als Strategieberater dienten und an einem Gedankenaustausch mit ebenbürtigen Partnern und auch Gegenspielern im Osten interessiert waren.

Eines Tages landeten wir in der Massachusetts Avenue in Washington bei der *Brookings Institution*. Nach ausführlichen Gesprächen mit deren Ostexperten wurden wir zur *Heritage Foundation* vermittelt. Diese galt als ein ideologisches Zentrum der politisch rechts stehenden Kreise, die sich in den USA jedoch nicht als Rechte, sondern als Konservative verstehen. Sie positionieren sich in der Nähe der Republikaner und verwahren sich entschieden gegen den Vorwurf des Imperialismus und Rassismus. Ihr Anliegen ist die Bewahrung der traditionellen amerikanischen Werte. Dazu gehört der außenpolitische Isolationismus, aber auch der Anspruch auf eine Führungsrolle der USA in der Weltpolitik. Nur wenige Schritte von der *Brookings Institution*, ebenfalls in der Massachusetts Avenue, erhebt sich das vielgeschossige Gebäude der *Carnegie Endowment for International Peace*. Diese Stiftung war 1910 von Andrew Carnegie gegründet worden, einem schottischen Einwanderer, der später als Großindustrieller der amerikanischen Stahlindustrie im 19. Jahrhundert als reichster Mann seiner Zeit galt. Die Stiftung ist die erste internationale Denkfabrik zur Förderung der internationalen Zusammenarbeit. Ihr erster Präsident, Elihu Root, ehemaliger Außen- und Kriegsminister der USA, erhielt 1912 den Friedensnobelpreis. Auf der langen Liste der Vorsitzenden steht auch der Name John Foster Dulles, der von 1946 bis 1952 für die operative Arbeit verantwortlich war. Heute betreibt die Stiftung neben Washington Zentren in Moskau, Peking, Beirut und Brüssel. Im *Center of Advanced International Studies* (CAIS), dem Institut für Außenpolitik der Johns Hopkins University am

Du Pont Circle der amerikanischen Hauptstadt, werden Diplomaten und Führungskräfte für eine spätere Laufbahn in der internationalen Politik und Wirtschaft ausgebildet. Das *National Defense Center*, ebenfalls in Washington, ist auf die Analyse von Problemen der Landesverteidigung spezialisiert, die in den USA weit über die Landesgrenzen definiert wird. Dies waren nur einige von vielen Stationen, auf denen Vorträge von Max Schmidt und anschließende Diskussionen gedolmetscht werden mussten. In London folgten vergleichbare Einsätze beim *Internationalen Institut für Strategische Studien*, der *London School of Economics* und dem *Royal Institute of International Affairs* im Chatham House, benannt nach dem Earl of Chatham und seit 1920 die Denkfabrik der britischen Außenpolitik. Einmal waren Max Schmidt und ich als sein Dolmetscher vom Foreign Office zu einer zehntägigen Informationsreise mit Gedankenaustausch nach London eingeladen. Wir logierten im feudalen Hotel Britannia am Grosvenor Square, schräg gegenüber der amerikanischen Botschaft. Rund um die Uhr stand uns ein Bentley mit uniformiertem Chauffeur und als Betreuer ein Major a. D. der Royal Air Force zur Verfügung. Dank der hohen Anbindung dieses Besuches wurden wir an einem Montag, normalerweise Schließtag für Besucher, zur Besichtigung der Kronjuwelen des Britischen Empire in den Tower eingeladen. Aus Sicherheitsgründen dürfen Besucher dort nicht stehen bleiben, sondern müssen die Pracht im Vorbeigehen genießen. Wir durften jedoch verweilen und uns vom Governor des Tower alles im Detail erläutern lassen.

Auch ein leicht amüsantes Erlebnis soll nicht unerwähnt bleiben. Von einem echten Lord, Mitglied des Oberhauses, wurden wir eines Tages auf dessen Landsitz außerhalb der britischen Hauptstadt eingeladen. Einem ausführlichen Austausch über Fragen der europäischen Sicherheit und der außenpolitischen Posi-

Flüstersimultan für Professor Max Schmidt (Mitte) auf einer Sicherheitskonferenz in Venedig

tion der DDR ging eine halbe Stunde »small talk« voraus, während der wir beim »Five o'clock tea« den Blick auf den bis zum Horizont weiten Landsitz genossen und ein distinguierter Butler den Tee servierte. Der Gastgeber war ein passionierter Golfer. Er ließ uns wissen, dass Golf, Cricket und die Fuchsjagd zu den obligaten Freizeitvergnügungen des britischen Adels gehören. »Was halten Sie von Golf?«, wollte er von Max Schmidt wissen. Die treuherzige, ehrliche Antwort eines DDR-Bürgers: »Ja, das ist wohl so etwas ähnliches wie Rugby.« Darauf wechselten wir das Thema und gingen zu ernsteren Dingen über.

Zusammen mit seinem Institut wurde Max Schmidt 1990 als »systemnah« vorzeitig in den Ruhestand versetzt. So manch einer fragte sich damals, ob diese geballte Konzentration an Wissen und Erfahrung dem wiedervereinigten Vaterland nicht hätte Nutzen bringen können.

In den Turbulenzen nach dem Mauerfall und der allgemein vorherrschenden Euphorie in Richtung auf die deutsche Einheit in einem freien, demokratischen Europa fanden allerdings derartige Überlegungen kein Gehör. Doch es existierten zunächst immer noch zwei deutsche Staaten. Bei den europäischen Nachbarn herrschte nicht nur eitel Freude, sondern es wurde aus historisch durchaus verständlichen Gründen die Frage gestellt, ob ein vereintes, wirtschaftlich und militärisch gewichtiges Deutschland endlich ein friedlicher Nachbar sein könnte. Der erste Staatsbesuch nach dem Mauerfall kam aus Paris und führte Präsident François Mitterand nach Ostberlin. Hans Modrow, selbst ein Reformkommunist, versicherte ihm als Chef der ersten echten Koalitionsregierung der DDR, dass die neue DDR bei aller politischen und wirtschaftlichen Schwäche ein guter demokratischer Partner sein werde. Auch Modrow gehörte zu den Idealisten, die an einen wahrhaft demokratischen Sozialismus unter Führung der Partei glaubten. Einst Honeckers Jugendfreund aus der FDJ, wurde er aus Berlin in die »Provinz« nach Dresden weggelobt, weil er einigen einflussreichen Betonköpfen als kritischer Denker unbequem war. In Dresden war er als Bezirksparteichef bemüht, so manchem aus Berlin verbannten Künstler eine kleine Oase begrenzter Freiheit zu schaffen. Als Erster Sekretär der SED-Bezirksleitung verfügte er über weit mehr interne Informationen als der gewöhnliche DDR-Bürger. Einige davon zur kritischen Lage der DDR-Wirtschaft habe ich nach Dresdner Dolmetscheinsätzen bei Gesprächen in kleinem Kreise mitbekommen.

Der Sicherheitspolitik der noch existierenden beiden deutschen Staaten und einer für die Zukunft angepeilten einheitlichen deutschen Regierung galt die vorletzte in Zusammenarbeit mit dem IPW ausgerichtete Konferenz im Dezember 1989. Teilnehmer waren Politiker und in Zivil verkleidete Militärs der drei Westmächte. Wir tagten und ich dolmetschte an täglich wechselnden Standorten, im Konferenzsaal des IPW in der Breiten Straße in Berlin-Mitte, im Reichstagsgebäude in Westberlin mit Rita Süßmuth als Hauptrednerin, in der Friedrich-Ebert-Stiftung in Bonn mit Dietrich Stobbe als Referent sowie im Bonner Bundeskanzleramt, in dem Kanzlerberater Horst Teltschik den Zehn-Punkte-Plan der Bundesregierung erläuterte. Der strenge aber freundliche Beamte des Bundesgrenzschutzes am Haupteingang des Kanzleramtes war leicht erstaunt. Ein Dolmetscher mit einem grünen DDR-Pass war ihm bis dato noch nie über den Weg gelaufen. Die Farbe ist erwähnenswert, weil es in der DDR drei Passkategorien gab, den roten Diplomatenpass, den grünen sogenannten Dienstpass, der nach jedem Einsatz beim jeweiligen staatlichen Auftraggeber zu hinterlegen war, und den blauen Reisepass, der auch für Privatreisen benutzt wurde, soweit diese überhaupt möglich waren. Mein erster Pass war ein blauer und trug die Nummer 000999.

Zu der erwähnten Sicherheitskonferenz gehörten auch einige Exkursionen in die noch existierende DDR. Die erste führte uns nach Strausberg bei Berlin in die oberste Kommandozentrale der Nationalen Volksarmee. Ein NVA-Oberst führte uns durch das Gelände, das bis dahin streng bewacht und normalen Sterblichen unter keinen Umständen zugänglich gewesen war. Als wir die Offiziersmesse durchquerten, steckten an einigen Tischen hochrangige Offiziere die Köpfe zusammen, und wir hörten sie tuscheln: »NSW«. Das war das Kürzel für »Nichtsozialistisches Wirtschaftsgebiet«. Nie zuvor hätten solche Leute, Abgesandte des Klassengegners, zu diesem Allerheiligsten Zutritt gehabt. Nunmehr hörten die Sicherheitsexperten aus dem Westen aufmerksam zu, als ihnen Details der DDR-Feuerleitzentrale erläutert wurden. Wir dolmetschten erstmalig für den »Klassenfeind«.

Ähnliche Gefühle und Gedanken beherrschten alle Beteiligten beim Besuch der NVA-Militärakademie »Friedrich Engels« in Dresden. Zum ersten Mal in der Geschichte öffneten sich die Schranken des bisher abgesperrten Geländes für einen Bus aus dem Westen. Unser Fahrzeug trug ein polizeiliches Kennzeichen mit HH für Hamburg. Sichtlich irritiert schauten aus den Fenstern der zur Akademie gehörenden Wohnbauten die Ehefrauen der dort lehrenden und lernenden Offiziere auf uns herab. Wessis in der Sperrzone! Eine Welt brach zusammen.

Die letzte gemeinsam mit dem IPW veranstaltete Konferenz fand Anfang 1990 in Potsdam statt. Zu den politischen und wirtschaftlichen Problemen der künftigen Wiedervereinigung sprachen unter anderem Hans-Dietrich Genscher als Bundesaußenminister und ehemaliger Vorsitzender der FDP sowie Kurt Biedenkopf, einst Generalsekretär der CDU, und zum letzten Mal Max Schmidt. Vertreter der Modrow-Regierung referierten zu den Aufgaben der Treuhandanstalt, eine kurz zuvor von der Modrow-Regierung geschaffene Institution zur Erhaltung der volkseigenen Betriebe. Von der Abwicklung der DDR-Wirtschaft war offiziell noch keine Rede. Dennoch zitierte Biedenkopf bereits die in der DDR-Öffentlichkeit weithin kursierende Losung »Kommt die D-Mark nicht nach hier, gehen wir von hier zu ihr«. Wir waren zwei Simultandolmetscher für eine Reihe von Beobachtern aus Großbritannien und den USA. Zum ersten Mal fuhr ich mit meinem Privatwagen auf dem kürzesten Weg von Ostberlin nach Potsdam, quer durch Westberlin, vorbei an den Grenzposten der Volkspolizei am Potsdamer Platz, denen wir pro forma noch unseren DDR-Ausweis zeigen mussten, um ungehindert weiter zu fahren. Mein Kollege brachte unser beider Empfindungen zum Ausdruck, als er sagte: »Beim Überqueren dieser Grenze kriege ich nach wie vor eine Gänsehaut.« Unzählige Male hatten wir dank unseres berufsbedingten Privilegs auch nach dem Mauerbau die Ost-West-Grenze überquert. Bei jeder strengen Grenzkontrolle nagte im Inneren die bange Frage, ob es nicht das letzte Mal gewesen sein könnte. Bei all den vielen Reisen hatten wir nie die Mentalität von Globetrottern, sondern waren uns stets bewusst, dass den meisten unserer Mitbürger und Kollegen dieses Privileg vorenthalten war.

Vor und nach dem Mauerfall – Erinnerungssplitter am Rande

Nach so langer Zeit fließen die Erinnerungen ineinander über. Bei solchen fließenden Übergängen fällt es mir mitunter schwer, exakt einzuordnen, was sich vor und nach der historischen Zäsur des Mauerfalls abgespielt hat. Da ich auch zu DDR-Zeiten viel reisen konnte, bieten die Ziele meiner Einsätze auch nicht immer einen Anhaltspunkt. So mancher Dolmetscheinsatz war und bleibt ein wahrer Springquell für lange, aufregende Geschichten. Manchmal ist jedoch allein die Begegnung mit außergewöhnlichen Personen erwähnenswert oder das Erzählen besonderer Ereignisse. Deshalb will ich im Folgenden einige Personen,

die meinen Weg kreuzten und Erlebnisse Revue passieren lassen.
Heinz Galinski, Auschwitz-Überlebender, war nach dem Krieg der erste Vorsitzende der grausam dezimierten Jüdischen Gemeinde von Berlin. Über den damaligen Oberrabbiner Riesenburger, Riese von Statur, mit dem Vollbart eines Propheten, hatte er erfahren, dass da ein junger nichtjüdischer Student herumlief und sich für den vor anderthalb Jahren gegründeten Staat Israel interessierte. Motiviert war ich durch die Verdienste meines Vaters in der französischen Widerstandsbewegung, besonders um die Rettung vieler Juden vor der Gestapo in Südfrankreich. Mit großem Fleiß hatte ich das damals meist nur in englischer Sprache verfügbare Quellenmaterial zusammengetragen und an der Universität Halle eine Arbeit über den Zionismus und die *Alijaḥ*, die drei Einwanderungswellen nach Palästina, geschrieben. Galinski lud mich zum Vorabend des Sabbath in sein Haus im Grunewald ein. Außer mir waren da noch Gäste aus England, die außer Englisch zwar Jiddish, aber nicht Deutsch sprachen. Diskret nahm mich Frau Galinski beiseite und fragte, ob ich denn keine Kopfbedeckung habe. Sie gab mir einen Hut ihres Mannes. Ich war zwar voller Euphorie für die Befreiung unserer jüdischen Mitbürger und die Staatsgründung von Tel Aviv, aber in Detailfragen der jüdischen Riten ziemlich unbedarft. Bis spät in die Nacht diskutierten wir über den jungen Staat Israel. Ich hatte Lenins Werk *Über die Judenfrage* gelesen. Er war gegen die Auswanderung in das Heilige Land, wo Milch und Honig fließen. Der jüdische Proletarier muss im jeweiligen Land bleiben und gemeinsam mit den nichtjüdischen Klassengenossen für eine bessere Gesellschaft ohne Ausbeutung und Antisemitismus kämpfen. Galinskis Antwort: »Bei allem Respekt vor Lenin und seinen gut gemeinten Theorien. Nach dem Holocaust sagen

wir ›Genug ist genug‹, Klassenkampf hin oder her. Wir brauchen nach zweitausend Jahren endlich wieder einen Staat, der uns vor Verfolgung und Ausrottung schützt.« Dagegen hatte ich kein Argument, wenngleich meine anfängliche Euphorie im Lauf der Jahrzehnte einer eher kritischen Haltung gegenüber der israelischen Staatsführung gewichen ist, in der nur noch wenige Überlebende der Gaskammern und Ghettokämpfer das Sagen haben. Die Gespräche mit der großen Persönlichkeit Heinz Galinski waren jedenfalls ein Erlebnis, das die Zeiten überdauert hat.

⅄ ⅄ ⅄

Hochsommer 1960. Berlin war im wörtlichen Sinn ein heißes Pflaster, und das nicht nur wegen der hohen Temperaturen. Auch die politische Großwetterlage brachte viele Berliner und nicht nur die ins Schwitzen. Die täglichen Flüchtlingszahlen über die offene Grenze erreichten Rekordhöhen. Das Notaufnahmelager in südlichen Stadtteil Marienfelde drohte aus allen Nähten zu platzen. Die Politiker in Ostberlin suchten händeringend nach einem Ausweg, um das Ausbluten der DDR zu stoppen und erhöhten den Druck auf alle unsicheren Kandidaten. Zu ihnen gehörte die SPD, die in der DDR zwar bereits 1946 durch die Zwangsvereinigung in die SED aufgegangen war, in ganz Berlin jedoch noch legal existierte. In den Ostberliner Stadtbezirken hatte sie Kreisbüros, so auch am Boxhagener Platz im Bezirk Friedrichshain. Der dort amtierende und überaus aktive politische Sekretär war der 38-jährige Kurt Neubauer, der einzige Bürger mit einem DDR-Personalausweis, der gleichzeitig SPD-Abgeordneter des Deutschen Bundestages war. Er genoss damit parlamentarische Immunität, die auch von den DDR-Behörden respektiert werden musste. Eine für die DDR wahrhaft verzwickte Konstellation. Sie entsprach der für viele Ausländer unverständlichen Rechtslage der geteilten ehemaligen deutschen Hauptstadt. Ich arbeitete damals als freiberuflicher Dolmetscher und Journalist für den beim Presseamt der DDR akkreditierten britischen Journalisten Alan Winnington. Gemeinsam mit seinem Nachbarn und Freund John Heartfield war er nach Kräften bemüht, die komplizierten politischen Verhältnisse in Berlin zu analysieren. Als Urberliner (mit Ost-West-Hintergrund) half ich ihm dabei, so gut ich konnte. An 25. August 1960 passierte etwas Außergewöhnliches. Willy Brandt wollte den Genossen im Osten der Stadt den Rücken stärken. In seiner Position als Regierender Bürgermeister hätte das zu diplomatischen Verwicklungen geführt. Als Bundesvorsitzender der SPD hatte er jedoch einen größeren Spielraum. Er fuhr ungehindert über die Sektorengrenze nach Friedrichshain und besuchte das Kreisbüro, in dem Kurt Neubauer amtierte. Die Nachricht von seiner Ankunft verbreitete sich wie ein Lauffeuer. Im Nu hatten sich auf dem Boxhagener Platz spontan Dutzende von Friedrichshainer Bürgern versammelt. Alle wollten »ihren« Willy begrüßen. Ich stand in der ersten Reihe und machte eifrig für Winnington Notizen. Knapp ein Jahr später war die Grenze zu. Die Ost-SPD sah sich gezwungen, ihre Arbeit einzustellen. Kurt Neubauer musste in den Westen übersiedeln und wurde Senator für Jugend und Sport und später Innensenator.

⅄ ⅄ ⅄

Der Bogen meiner Erlebnisse spannt sich über Generationen. Wenn ich oft als Kind, aus der Schlüterstraße in den Kurfürstendamm einbiegend, in Richtung Kaiser-Wilhelm-Gedächtniskirche marschierte, so kam ich an einem prachtvollen Gründerzeitbau vorbei. Mein Vater machte mich auf ein glänzendes Messingschild aufmerksam. In arabischer und deutscher Schrift war zu lesen *Königlich Ägyptisches Konsulat*. Eigentlich nichts Besonderes. Der Konsul, ein junger Diplomat am Beginn der Laufbahn, hieß Abdul-Khaleq Hassouna. Jahrzehnte später lernte ich ihn persönlich kennen. Im Kairoer Hochhaus der Arabischen Liga, einen Steinwurf vom inzwischen berühmten Midan al Tahrir (Tahrir-Platz) entfernt, dolmetschte ich 1961 im Büro des Generalsekretärs, sein Name: Abdul-Khaleq Hassouna.

⅄ ⅄ ⅄

Ein Spaziergang am Alexanderplatz, vorbei am Fernsehturm, hin zum Neptunbrunnen, zur Linken das Rote Rathaus, führt den Wanderer zur Marienkirche, dem ältesten Gotteshaus Berlins. Bis in das 11. Jahrhundert war es ein Kloster. Davon zeugen heute noch einige zwar leicht verblichene, dennoch gut erkennbare Wandmalereien. Berühmt ist die Kanzel. Sie wurde im Jahre 1703 von Andreas Schlüter geschaffen. Mehr als zweieinhalb Jahrhunderte später hielt an dieser Stelle Martin Luther King, Jr. eine flammende Predigt für den Frieden. 1975 stand auf der gleichen Kanzel sein Nachfolger Ralph D. Abernathy, den ich auf seiner Deutschlandreise als Dolmetscher begleiten durfte.

⅄ ⅄ ⅄

Welche Skurrilitäten man als Dolmetscher erleben kann, zeigte mir ein Auftrag in Japan. Dort, genauer in Nagoya, fanden 1970 die 30. Tischtennis-Weltmeisterschaften statt. Beinahe tragikomisch war der Einmarsch der »DDR-Mannschaft«. Sie bestand aus zwei Sportfunktionären, einem Fahnenträger und mir als Dolmetscher. Aktive hatten sich nicht qualifizieren können, aber wir sollten und wollten wenigstens Flagge zeigen. Ganz nebenbei wurden wir in unserem

Pastor Ralph D. Abernathy, Nachfolger von Martin Luther King, Jr., zu Gast bei Albert Norden (r.), Mitglied des Politbüros der SED

*Koksai-Hote*l Zeugen der Begegnung zwischen den Mannschaften der USA und der Volksrepublik China, dem Auftakt zur historischen Ping-Pong-Diplomatie.

⅄ ⅄ ⅄

Mit dem stellvertretenden Gesundheitsminister der DDR, einem sehr umgänglichen Menschen, war ich in Kuwait unterwegs. Der Minister war selbst Arzt und Kettenraucher. Wer ihm empfahl, auf dieses Laster zu verzichten, erhielt stereotyp die Antwort: »Sterben müssen wir alle, und ich habe die Wahl zwischen einem kleinzelligen oder großzelligen Karzinom.« Der großen, weiten Welt gegenüber war er sehr aufgeschlossen. In Kuweit informierten wir uns über das dortige Gesund-

Tokio bei Nacht, Dolmetscheinsatz bei den Tischtennis-Weltmeisterschaften in Nagoya, 1971. Auftakt zur Ping-Pong-Diplomatie VR China – USA

heitswesen, besichtigten Krankenhäuser und eine Schwesternschule mit vielen angeworbenen Polinnen und Philippinas.

Ambulante und stationäre Behandlung sowie Medikamente standen allen Bürgern kostenlos zur Verfügung. Im Krankenhaus gab es grundsätzlich bestens ausgestattete Zweibettzimmer und gegen Entrichtung eines symbolischen Trinkgelds Einbettzimmer. Für die Betreuung der Patienten wurden in der ganzen Welt, auch in der DDR, die besten Fachärzte eingekauft. Mein Minister kam ins Grübeln und erinnerte sich an ketzerische Bemerkungen von Medizinern und anderen Gesprächspartnern in der Heimat, die da meinten, der Sozialismus kann eigentlich nur in stein-

Japan mit großem Aufgebot auf der Leipziger Messe 1968. Die Aussteller sprechen kein Deutsch und nur wenig Englisch. Ich musste mich wieder gründlich kundig machen, um dem DDR-Minister für Außenhandel Weiss und seinem Staatssekretär Dr. Beil komplizierte Technik für den Import zu erklären.

reichen Ländern aufgebaut werden, wie etwa Saudi Arabien. Über die sozialistischen Perspektiven Saudi Arabiens kann man wohl streiten. Dennoch meinte mein Chef: »Erdöl müsste man haben.«

Jedem das Seine. Der Gesundheitsminister war Kettenraucher. Der Stellvertreter des Ministers für Nahrungs- und Genussmittel ein Gourmet der Spitzenklasse. Auf unserer Reise nach Kanada zeigte er wenig Interesse für gesunde Ernährung, wohl aber für Hummer und andere Köstlichkeiten und dazu die jeweils passenden Spitzenweine, für deren Import er verantwortlich war. Auf meine schüchterne Frage, warum in

Verhandlungen im Emirat Kuwait. Die stellvertretenden Minister für Gesundheitswesen der DDR (l.) und Kuwaits (r.)

Spitzentreffen DDR – Äthiopien 1985 in Addis Abeba, Delegationsleiter Horst Dohlus (2.v.l.), Botschafter Günter Mauersberger (4.v.l.), Wolfgang Ghantus (3.v.l.)

der DDR nur selten gute trockene Weine zu haben waren, erklärte er mir bereitwillig: »Wir importieren die besten trockenen Weine und strecken sie mit Zucker. So erhalten sie eine liebliche Blume. Unsere Menschen wünschen das so.«

⅄ ⅄ ⅄

Horst Dohlus war ein gemütlicher Sachse, eine ehrliche Haut, mit dem man auch als »technischer Mitarbeiter«, wie die nicht zur Nomenklatura gehörenden Dolmetscher bezeichnet wurden, ganz normal reden konnte. Er war Mitglied des Politbüros und verantwortlich für die Parteiorganisation.

Ich habe im In- und Ausland oft und gern für ihn gedolmetscht. Offenherzig erläuterte er erstaunten Zuhörern mit sozialistischen Ambitionen aus der Dritten Welt, warum bei der Partei in der DDR alles so reibungslos klappte. Wichtige Veranstaltungen, besonders Parteitage waren nach akribisch erstellten Drehbüchern bis ins kleinste Detail durchorganisiert. Nichts wurde dem Zufall überlassen, auch nicht der exakt zu platzierende Applaus.

⅄ ⅄ ⅄

Anfang 2011 ist Ägypten in die Schlagzeilen der Weltpresse geraten. Mit dem faszinierenden Land am Nil bin ich seit Jahrzehnten in großer Sympathie verbunden und habe dort viele Freunde. Zwei Episoden aus meiner Tätigkeit als Dolmetscher kommen mir dabei in den Sinn. Bei einem Gespräch im Wirtschaftsministerium wurde in den siebziger Jahren von einem DDR-Unterhändler Unterstützung bei der Modernisierung des immer noch chaotischen öffentlichen Personennahverkehrs angeboten. Der ägyptische Gesprächspartner, ein Staatssekretär, bedankte sich für das Angebot, musste es jedoch höflich zurückweisen: »Als Minister mit technischer Vorbildung bin ich natürlich für moderne schaffnerlose Autobusse. Als arabischer Sozialist muss ich jedoch etwas gegen die Arbeitslosigkeit tun. Deshalb kommen für uns nur ältere Modelle in Frage, mit einem Fahrer und mindestens zwei Schaffnern.«

In einem anderen Gespräch mit einem promovierten Philosophen im Seebad Scharm el Scheich ging es, wie so oft, um die Nahostproblematik. Ich bat meinen Gesprächspartner um Verständnis dafür, dass wir bei aller Sympathie für die Rechte der Palästinenser und für die vor Jahrzehnten von der UNO vorgeschlagene Zweistaatenlösung als Deutsche eine besondere Beziehung zu den Menschen jüdischen Glaubens und zum

Über den Dächern von Kairo, Blick auf den »Midan al Tahir« (»Platz der Befreiung«)

Staat Israel haben. »Wieso denn das?«, war die erstaunte Frage. »Wegen des ungeheuerlichen Holocaust«, war meine Antwort. Mit einem spöttischen Lächeln erwiderte er: »Das ist doch ein Märchen«. Erschreckend, so etwas aus dem Mundes eines hochgebildeten Wissenschaftlers zu hören. Die Veränderung in der Gesellschaft muss in den Köpfen der Menschen beginnen. Das wird nicht von heute auf morgen zu erreichen sein.

⅄ ⅄ ⅄

Gesucht wurde im Sommer 1973 ein Dolmetscher, der sich einigermaßen gut in London und in der britischen Parteienlandschaft auskannte, denn in der Hauptstadt der DDR war hoher Besuch von der Insel angekündigt. Allzu gern hätte Erich Honecker seinen bisherigen außenpolitischen Erfolgen mit einer Audienz bei der Queen im wahrsten Sinne des Wortes die Krone aufgesetzt. Dieser Wunsch sollte nie in Erfüllung gehen. Jetzt jedoch hatte »wenigstens« der Generalsekretär der Labour Party Ron Hayward nebst Gattin seinen Besuch in Berlin angesagt. Getreu der alten stalinistischen These, dass der Generalsekretär einer fortschrittlichen politischen Partei wichtiger sei als der Regierungschef, hegte man am Berliner Marx-Engels-Platz einige Hoffnungen und Haywards Besuch wurde protokollarisch auf die höchste Ebene gehoben. Er war persönlicher Gast des Staatsratsvorsitzenden Honecker. In dessen edel ausgestattetem Arbeitszimmer hatten wir mehrere Gespräche »unter zehn Augen«. Honecker wurde sekundiert von Hermann Axen, Mitglied des Politbüros und zuständig für die Außenpolitik der DDR, und Paul Markowski, Mitglied des SED-Zentralkomitees und Leiter der ZK-Abteilung für Internationale Verbindungen. Aktueller Premierminister war zwar der Konservative Edward Heath, aber die Labour-Nachfolge in der Person von Harold Wilson war bereits allenthalben im Gespräch. Haywards kommender Einfluss auf die Außenpolitik Großbritanniens wurde deshalb hoch eingeschätzt.

Enttäuschend für die DDR-Politiker, vom britischen Gesprächspartner kamen keine verbindlichen Zusagen zur Hochstufung der soeben erst aufgenommenen politischen Beziehungen. Wohl aber erreichte Hayward die Freilassung eines in der DDR wegen eines geringfügigen Vergehens gegen das bestehende Grenzregime inhaftierten Engländers.

⅄ ⅄ ⅄

Zu den großen historischen Persönlichkeiten des afrikanischen Kontinents gehörte Kenneth Kaunda, Füh-

Werner Lamberz überreicht Kenneth Kaunda, Präsident der Republik Sambia, eine Bilddokumentation über den »Schwarzen Kontinent«.

rer der United National Independence Party (UNIP) und erster Staatspräsident des unabhängigen Sambia, der früheren britischen Kolonie Nordrhodesien. Im »State House« von Lusaka empfing er 1977 eine hochrangige DDR-Delegation, wieder unter Leitung des nach meinem Empfinden »heimlichen Außenministers« Werner Lamberz. Fröhlich mit seinem als persönliches Markenzeichen berühmten weißen Tuch wedelnd begrüßte er die Gäste aus dem fernen Europa mit einem Shakespeare-Zitat. Dessen Wortlaut ist mir nach so langen Jahren nicht mehr in Erinnerung. Wie durch eine glückliche Fügung hatte ich in dem entscheidenden Moment jedoch die authentische deutsche Übersetzung parat. Lamberz revanchierte sich für den überaus freundlichen Empfang und übernahm anstelle des verblüfften Stewards die Zubereitung und das Servieren des Begrüßungstees. Bei den Gesprächen in den nächsten Tagen ging es um größere Beträge. Die DDR hatte Technik und Volksbildung zu bieten, Sambia dagegen den wertvollen Rohstoff Kupfer.

⅄ ⅄ ⅄

Bei Julius Nyerere, dem ersten Präsidenten des unabhängigen Tansania, hatte ich für Gerhard Schürer, Vorsitzender der Staatlichen Plankommission, zu dolmetschen. Nyerere hatte sich zuvor von seinem Planungschef sagen lassen, dass die Eisenbahn in Deutschland über ein Schienennetz von 38 000 Kilometer verfügte und wir doch helfen könnten, etwas Ähnliches in Tansania aufzubauen. Dabei war außer Acht gelassen worden, dass der größere Anteil dem anderen deutschen Staat gehörte. Das spielte in der Denkweise der Gastgeber jedoch keine große Rolle. Bei vielen spukte im Hinterkopf immer noch die verklärte Kolonialära von Deutsch-Ostafrika und Lettow-Vorbeck. In der Hauptstadt Daressalam stehen noch heute das Kaiserliche Postamt und andere Gebäude aus der Kolonialzeit, die liebevoll gepflegt werden. Das Bahnprojekt wurde schließlich von der Volksrepublik China übernommen, die Tausende von chinesischen Arbeitern nach Ostafrika schickte. Da konnte die DDR mit ihrem chronischen Arbeitskräftemangel nicht mithalten. Als Trostpflaster schenkten uns die Gastgeber einen zweitägigen Ausflug in die knapp 300 Kilometer entfernte *Mikumi Wildlife Lodge*. Dort mussten wir vor Tau und Tag auf den Beinen sein, um aus unserer voll verglasten Unterkunft einen unvergesslichen Anblick auf die unmittelbar benachbarte Tränke zu genießen, an deren Ufern sich – natürlich in sichrerer Entfernung voneinander – Löwen, Antilopen, Elefanten und bunte Schwärme von Tropenvögeln einfanden.

⅄ ⅄ ⅄

Kaum weniger komplex sind die Probleme im Nachbarland Namibia. In der Hauptstadt Windhoek des ehemaligen Deutsch-Südwest gibt es heute noch eine Kaiser-Wilhelm- und Bismarckstraße. Die Regierung unter Sam Nujoma bemühte sich nach Kräften, den Spagat zwischen nationaler Identität und moderner Entwicklung zu schaffen, bei der auch mit den großen Konzernen Kompromisse eingegangen werden müssen. Als Gründungsvater der Nation Namibia wird Sam Nujoma aus dem Volk der Ovambos verehrt. An der Spitze seiner South West African Peoples Organisation (SWAPO) hat er sein Volk in die lang erkämpfte und schwierige Unabhängigkeit geführt und war von 1990 bis 2005 Staatspräsident. Wann immer er in den Jahren des Kampfes um die Unabhängigkeit im Exil nach Deutschland reiste, war ich ihm als Dolmetscher und Betreuer zugeordnet. Aus dieser Zeit stammt seine wiederholte Einladung: »Wenn wir einmal die Mandatsherrschaft des südafrikanischen Apartheidregimes überwunden haben, dann wirst du in einem freien Namibia mein persönlicher Gast sein.« Leider ist es bis heute nicht dazu gekommen. Es gehen eben nicht alle Träume in Erfüllung.

⅄ ⅄ ⅄

Die ehrlich gemeinte Solidarität der DDR-Bürger mit den Völkern Asiens, Afrikas und Lateinamerikas war über jeden Zweifel erhaben. Doch zuweilen wurden wir in arge Widersprüche verstrickt. Der für 1978 geplante DDR-Besuch des persischen Schahs wurde gerade noch rechtzeitig im letzten Augenblick abgesagt. An guten wirtschaftlichen Beziehungen zum erdölreichen Iran war man in Berlin jedoch interessiert, zumal das sowjetische Erdöl immer teurer wurde und mit harten Devisen bezahlt werden sollte. Sowohl der Schah als auch Khomeini waren Feinde des Sozialismus, aber Tauschgeschäften mit dem sozialistischen Lager nicht abgeneigt. So lieferte die DDR nach dem Überfall der irakischen Armee im September 1980 moderne Technik für die iranische Luftabwehr. Saddam Hussein erhielt moderne Technik für die Ausrüstung seiner angreifenden Luftwaffe. Die bei diesen Geschäften involvierten Dolmetscher erhielten für ihre Flüge nach Bagdad und Teheran stets Übergepäck genehmigt, um die dortigen DDR-Spezialisten mit begehrtem dunklen Mischbrot aus der Heimat zu versorgen.

Saddam Hussein war noch nicht an der Macht. Die Bürger des Irak genossen einige begrenzte Freiheiten. Auch als Ausländer konnte man sich einigermaßen unbehindert im Land bewegen. Im hochsommerlichen Bagdad dolmetschte ich bei 45 Grad im Schatten mit freiem Oberkörper und Sonnenhut auf einer Konferenz des damals noch nicht verbotenen Demokratischen Jugendverbandes. Die Temperaturangabe mit Schatten war mit Vorsicht zu genießen, denn es gab kaum Schatten. Im Anschluss an die Konferenz wurden einige ausländische Journalisten zu einer Fahrt in den etwas kühleren Norden eingeladen (nur noch 30 Grad ohne Schatten), also ins »Wilde Kurdistan«.

Zum Umfallen müde erreichten wir eine idyllische Hochebene in der Gegend von Sulaimaniya. Unser Jeep fing an zu stottern, blieb stehen und war mit keinem Trick zur Weiterfahrt zu bewegen. Die Sonne war dabei, hinter den vor uns emporragenden Bergkuppen zu versinken. Um uns herum versammelten sich die Hirten einer Ziegenherde, und die wussten Rat. Sie luden uns ein, mit ihnen am Lagerfeuer zu essen und die Nacht auf der Weide zu verbringen, weil vor dem Morgen ohnehin nicht mit Hilfe aus Sulaimaniya zu rechnen war. Es wurde ein wildromantisches Abenteuer. Außer mir waren in der Gruppe ein Pole, ein Chinese und ein Italiener. Mit sprachlicher Unterstützung unseres irakischen Betreuers hatten wir trotz Müdigkeit ein angeregtes Gespräch mit den Hirten bis in die späten Nachtstunden. Als uns so langsam die Augen zufielen, meinten unsere Gastgeber, wir könnten ohne Problem unter freiem Himmel schlafen. Sie schleppten einige Decken heran – und mehrere Pechfackeln. Auf unsere fragenden Mienen erklärten sie uns: Auf der Hochebene tummeln sich viele Skorpione. Die Wiese wird deshalb abgesucht und mit Spießen gesäubert. Dann wird ein Quadrat mit brennenden Fackeln abgesteckt. Innerhalb des Quadrats können wir ruhig schlafen, denn Skorpione verhalten sich wie Schlangen und kriechen nicht am Feuer vorbei. Mit leicht gemischten Gefühlen sanken wir in einen »erholsamen« Tiefschlaf.

⅄ ⅄ ⅄

Die Reise mit dem Vorsitzenden der Staatlichen Plankommission der DDR, Gerhard Schürer, Anfang der achtziger Jahre durch mehrere afrikanische und asiatische Länder mit Englisch als zweiter Amtssprache führte uns auch nach Mosambik. Dort war für mich jedoch kein Dolmetschbedarf. Portugiesisch war gefragt, und dafür war ein anderer Kollege zuständig. Die Delegation flog auch in das Steinkohlenrevier von Moatize, unweit der Grenze zu Malawi, und ich durfte mitfliegen. Dort trafen wir mit den schwarzen Kumpeln zusammen. Hier wurde weder Englisch gebraucht, noch war Portugiesisch nötig. Die Kumpel sprachen ein lupenreines Sächsisch. Ihre Ausbildung hatten sie im später geschlossenen Steinkohlenrevier von Zwickau genossen.

⅄ ⅄ ⅄

Im Fernsehstudio des ZDF hatte ich eines Tages ein Live-Interview mit Mangosuthu Gatsha Buthelezi zu dolmetschen. Er entstammt einer Königsfamilie der südafrikanischen Zulus und war Gründer und Präsident der Inkatha-Bewegung. Diese war die große Rivalin des Afrikanischen Nationalkongresses (ANC) unter Nelson Mandela und hatte sich im Gegensatz zu dem gesamtnationalen Konzept des ANC im Kampf gegen die Apartheid ein System der Stammesherrschaft auf die Fahnen geschrieben. Über viele Jahre hinweg hatte ich für Mandelas Stellvertreter im Exil, Oliver Tambo, sowie für den späteren südafrikanischen Außenminister Alfred Nzo und weitere ANC-Politiker gedolmetscht und durch diese Tätigkeit viel über Südafrika gelernt, das märchenhaft schöne und am weitesten entwickelte Land des Schwarzen Kontinents. Nach seiner Wahl zum Staatspräsidenten gelang es Nelson Mandela, seinen Gegenspieler Buthelezi in die erste Regierung nach der Apartheid als Minister einzubinden, allerdings nur für kurze Zeit. Nun war Buthelezi wieder zur Opposition gewechselt. Im deutschen Fernsehen versuchte er, gegen den ANC Stimmung zu machen. Angesichts der nach wie vor komplexen Probleme am Kap der Guten Hoffnung war die Sendung nicht ganz leicht zu dolmetschen.

⅄ ⅄ ⅄

Noch standen allenthalben in Berlin die kümmerlichen Reste der laut Honecker »hundertjährigen« Mauer, da erhielten viele DDR-Bürger Post aus dem fernen Nigeria. Meist waren die Adressaten Handwerksmeister und Kleinunternehmer, die quasi über Nacht in die Marktwirtschaft katapultiert worden waren und einen harten Existenzkampf gegen übermächtige westdeutsche Konkurrenten führen mussten. Die Währungs-, Wirtschafts- und Sozialunion zwischen beiden deutschen Staaten war zwar angedacht, aber noch keinesfalls zum Tragen gekommen. Die Absender gaben sich als Bankiers aus oder als Rechtsanwälte oder auch unverblümt als Hauptbuchhalter von Konzernen, die märchenhafte, oft durch Veruntreuung erworbene Geldsummen waschen wollten und den ahnungslosen, mit den Vorteilen aber auch Tücken der Marktwirtschaft noch nicht vertrauten Empfängern Riesenprovisionen anboten, wenn sie für diese Transaktionen ihre Konten zur Verfügung stellten und als Voraussetzung ihre Bankdaten offenbarten. Reihenweise tauchten die Empfänger in meinem Übersetzungsbüro auf und boten mir gute Honorare für die Übersetzung der erforderlichen Korrespondenz. Zu Anfang war auch ich ahnungslos und nahm die Aufträge dankend an. Dann sickerten jedoch Besorgnis erregende Nachrichten durch. Den nächsten Kunden empfahl ich Vorsicht. Am Ende lehnte ich derartige Aufträge rundweg ab, auch wenn sie noch so lukrativ schienen.

Die Verweigerung eines Auftrages und damit der Verzicht auf Einnahmen kann durchaus eine Frage der Berufsethik sein. Ich bin diesem Prinzip zwei Mal gefolgt, im Falle der nigerianischen Betrüger und mit der Ablehnung, Anfang der neunziger Jahre bei einer großen Konferenz rechtsextremer Gruppen zu dolmetschen.

⅄ ⅄ ⅄

Neben vielen Akteuren aus dem politischen Feld hatte ich auch das Glück einige bekannte Personen aus dem kulturellen Bereich zu treffen. Das begann schon in den frühen fünfziger Jahren, als ich mit Pilar und Ernesto Lacasa beruflich und privat freundschaftlich verbunden war. Bei einem Wochenendausflug in die Wälder der Mark Brandenburg durfte ich ihre kleine Tochter Aurora auf der Schulter tragen. Jahre später wurde diese zusammen mit Frank Schöbel ein Star der Unterhaltungskunst in der DDR. Beide verkauften viele Langspielplatten und erlangten ungeheure Popularität. Ob Aurora Lacasa sich heute noch daran erinnert?

Im Berliner Künstlerrestaurant *Möwe* hatten wir eine Verabredung mit dem schon damals berühmten Filmregisseur Kurt Maetzig. Pilar hatte zwar die Ausbildung an einer Schauspielschule vorzeitig abgebrochen, wollte aber die Hauptrolle in dem geplanten Film über Rosa Luxemburg spielen. Zwar kam das Engagement nicht zustande, aber die Erinnerung an die Begegnung mit Kurt Maetzig wurde wieder lebendig, als er im Jahre 2011 seinen hundertsten Geburtstag feierte.

⅄ ⅄ ⅄

Für unsere internationale Jugendzeitschrift wollten wir einen prominenten Zeichner finden. Uns fiel kein Geringerer ein als Max Lingner (1888–1959) – Bescheidenheit war nicht unsere vorherrschende Eigenschaft. Doch unser Besuch in seiner Villa im Pankower Dichterviertel, war tatsächlich erfolgreich. Lingner versprach, Beiträge zu liefern, und zwar zu Honoraren, die für uns gerade noch erschwinglich waren, jedoch weit unter seinem »Marktwert« lagen. Er erzählte uns zwei Redakteuren von seinem Leben als Maler, Grafiker und antifaschistischer Widerstandskämpfer in Frankreich. 1950 gehörte er zu den Gründern der Akademie der Künste. Damit trat er gewissermaßen in die Fußstapfen des berühmten Max Liebermann.

Für eben diese Zeitschrift war ich 1957 in Babelsberg. Meine berufliche Kombination als Journalist und Dolmetscher bot mir immer wieder die Gelegenheit, interessante Menschen kennen zu lernen. In den DEFA-Filmstudios wurde zu dieser Zeit der Film *Die Hexen von Salem* gedreht. Ich traf auf keine Geringeren als die beiden Hauptdarsteller Simone Signoret und Yves Montand.

⅄ ⅄ ⅄

O cavaleiro da esperanza – Ritter der Hoffnung ist der Titel eines Romans des brasilianischen Autors Jorge Amado, der weithin als ein großer Schriftsteller Lateinamerikas gepriesen wird. Die reale Hauptfigur des Buches, trug den bürgerlichen Namen Luis Carlos Prestes. In einer mehrfach abgesicherten Villa des noblen Kurortes Bad Saarow in der Mark Brandenburg durfte ich ihn in Ermangelung eines Portugiesischdolmetschers einige Tage betreuen und Gespräche mit hohen Funktionären der SED übersetzen. Luis Carlos Prestes war Generalsekretär der Kommunistischen Partei Brasiliens. Als junger Offizier, Absolvent der Militärakademie Brasiliens, organisierte er in den zwanziger Jahren mit 1500 Soldaten die *Coluna Prestes*, einen *Langen Marsch* über 25000 Kilometer quer durch mehrere Bundesstaaten, um die ausgebeuteten landlosen Bauern von der Knechtschaft der immer noch herrschenden Agrar-Oligarchen zu befreien. Die Hälfte seiner Männer kam dabei um. Diese Aktion, gewissermaßen eine Vorwegnahme des viel bekannteren *Langen Marsches* von Mao Tse-tung, ist Thema des

Buches von Jorge Amado. Im argentinischen Exil machte sich der sozial engagierte Prestes mit dem Marxismus vertraut und wurde schließlich Generalsekretär der Kommunistischen Partei. Bei der Komintern in Moskau lernte er seine spätere Ehefrau Olga Benario kennen, eine kommunistische Emigrantin aus Deutschland. Beide wurden 1934 vom Vorsitzenden der Komintern nach Brasilien zurückgeschickt, um dort die Revolution vorzubereiten. Beide wurden verhaftet. Olga Benario wurde in hochschwangerem Zustand nach Nazi-Deutschland ausgeliefert und in der »Nervenheilanstalt« Bernburg vergast. Vorher war im Berliner Frauengefängnis in der Barnimstraße Tochter Anita geboren worden. Sie hat überlebt. Als freier Mitarbeiter der *BZ am Abend* habe ich sie bei einem Dolmetscheinsatz in Rio de Janeiro interviewt.

Noch während meines Aufenthaltes auf dem südamerikanischen Subkontinent und später auch in Europa lernte ich Cheddi Jagan kennen und konnte ihm bei mehreren Besuchen in Berlin als Dolmetscher behilflich sein. Er war Gründer und Vorsitzender der Progressive People's Party (PPP) in Guyana, ehemalige britische Kolonie an der Nordgrenze zu Brasilien. Nach Erringung der Unabhängigkeit wurde er Premierminister und später Präsident.

⅄ ⅄ ⅄

Wenige Wochen nach dem Mauerfall erreichte mich auf telefonischen Umwegen eine Anfrage des kanadischen Fernsehens CVT mit der Bitte, ein demnächst zu entsendendes Team als Dolmetscher, Betreuer und Kraftfahrer durch die DDR zu begleiten. Umwege deshalb, weil die DDR noch nicht in das gesamtdeutsche, geschweige denn internationale Fernsprechnetz integriert war. Wollte man vom Ostberliner Stadtbezirk Mitte in den Westberliner Nachbarbezirk Tiergarten telefonieren, so musste man über eine internationale Vorwahl gehen, die Hilfe eines Fernamts in Anspruch nehmen und mitunter lange warten, bis eine Verbindung zustande kam. Das Team bestand aus einem Redakteur, einem Techniker und einem Kameramann. Sie hatten den Auftrag, möglichst viele Leistungssportler sowie Sportfunktionäre der DDR zu interviewen, um nachzuweisen, dass die sensationellen Erfolge des DDR-Sports auf eine großzügige und vor allem faire Förderung zurückzuführen waren und nicht, wie in westlichen Medien behauptet wurde, auf staatlich verordnetes Doping. Wir interviewten viele Spitzensportler, unter anderem auch die Rekordschwimmerin Kristin Otto, heute Sportexpertin beim ZDF. Auch Manfred Ewald bekamen wir vor die Kamera. Er war einst Präsident des Deutschen Turn- und Sportbundes, der zentralen Sportorganisation der DDR, Präsident des Nationalen Olympischen Komitees und Mitglied des Zentralkomitees der SED. In Leipzig erhielten wir Zugang zu einer der geheimsten, von der Stasi abgeschirmten Institution des ostdeutschen Staates, dem Forschungsinstitut für Sport und Körperkultur. Sportler, Funktionäre und Sportärzte konnten die sportbegeisterten und gutgläubigen Kanadier davon überzeugen, dass beim »Sportwunder der DDR« alles mit rechten Dingen zugegangen war. So wurde es dann auch in Toronto gesendet. In den Jahren darauf kamen dann allerdings in Gerichtsprozessen Peinlichkeiten ans Licht der Öffentlichkeit, durch die einige der zweifellos hervorragenden Leistungen der DDR-Sportler relativiert wurden.

⅄ ⅄ ⅄

Unter uns Berliner Schuljungen kursierte ein geflügeltes Wort: »Ick möchte ooch ma Heesters heeßen.« Persönlich lernte ich den einst berühmten Herzensbrecher des UFA-Films viele Jahre später kennen. Er hatte inzwischen seinen 95. Geburtstag hinter sich und sollte im englischen Programm der Deutschen Welle eine Sendung bestreiten. Begleitet von seiner 45 Jahre jüngeren Frau betrat er das Studio in der Berliner Voltastraße und verschwand sogleich erst einmal in die Maske. Ich wollte vor dem Programm unbedingt einige persönliche Worte mit ihm wechseln, um ein Gespür für seine Stimme zu bekommen und für seine Art zu sprechen. Der Türöffner zum Herzen des großen Stars: Ich war gerade von einem Einsatz bei einer Konferenz im holländischen Amersfoort gekommen. In dieser malerischen Kleinstadt, deren Zentrum fast komplett unter Denkmalschutz steht, hatte Heesters seine Kindheit und Jugend verbracht. Wir hatten sofort ein gemeinsames Thema. Die Chemie stimmte und es konnte losgehen. Die Sendung wurde ein Erfolg. Heesters brillierte vor der Kamera wie eh und je. Kaum war diese aber am Schluss der Sendung ausgeschaltet, sank er erschöpft im Sessel zusammen. Immmerhin, noch heute steht er im Alter von 107 Jahren gelegentlich auf der Bühne. Ob das gut ist, darüber streiten nicht nur die Gelehrten. Ein noch aktiver Berufskollege in diesem Alter ist mir jedenfalls bis jetzt noch nicht begegnet.

⅄ ⅄ ⅄

Nicht jeder, für den ich zu dolmetschen hatte, gehörte zu den Großen dieser Welt. Aber viele waren schillernde Persönlichkeiten. Eines Tages in den neunziger Jahren des vorigen Jahrhunderts wurde ich in den Schöneberger Kleistpark gerufen, genauer gesagt in das Gebäude des ehemaligen Alliierten Kontrollrates, in dem nach der Wiedervereinigung das Berliner Kammergericht tagte. Ich sollte für einen der deutschen Sprache nicht kundigen Immobilienmakler in einem Zivilprozess dolmetschen. Sein deutscher Prozessgegner, wie ich Jahrgang 1930, war als Dreijähriger mit seinen jüdischen Eltern nach Palästina ausgewandert, hatte im Unabhängigkeitskrieg 1948 in der *Palmach* gekämpft, Vorläufer der israelischen Armee, und war nach einem Intermezzo als Musiker in Paris 1957 nach Deutschland zurückgekehrt. Dort prägte er in den fünfziger und sechziger Jahren die Nachtclub-Szene der Frontstadt Westberlin. Er wirkte als Schauspieler in rund 30 Filmen mit und wurde als Gründer und Chef des »Big Eden« zum Playboy Nummer Eins und als Immobilienkaufmann Multimillionär. Man sagt ihm, zumindest laut *Bild*-Zeitung, »engste« Beziehungen zu 5000 Frauen nach. »Bescheiden« reagierte er zu seinem 80. Geburtstag auf eine entsprechende Reporterfrage: »Na ja, wenn schon, aber immerhin in fünfzig Jahren und wahrscheinlich nicht mehr als 2000.« Seit 2007 ist er zum ersten Mal verheiratet, mit einer Mittzwanzigerin. Im Ehevertrag wurde auf der Basis der Gegenseitigkeit »absolute Freizügigkeit« vereinbart. Als ich die höfliche Frage seines Prozessgegners »How are you, Mister Eden?« dolmetschte, lautete die ebenso nachvollziehbare wie auch leicht zu übersetzende Antwort des stadtbekannten Rolf Eden: »Mir geht es immer gut.«

Die neue Zeit mit neuen Herren

»Ick seh' doch, wat hier bald los sein wird«, antwortete uns im Mai 1990 Regine Hildebrandt, Ministerin für Arbeit und Soziales in der Regierung von Lothar de Maizière. Wir, Mitglieder des Vorstandes der Vereinigung der Sprachmittler der DDR, hatten um eine Audienz in ihrem Karlshorster Amtssitz gebeten. Ein Jahr zuvor hatten wir an der gleichen Stelle beim DDR-Staatssekretär für Arbeit und Löhne um eine gesetzliche Regelung zur sogenannten Verkammerung unseres Berufsstandes gerungen, denn im Unterschied zu den Ärzten, Ingenieuren, Juristen und Architekten war die Berufsbezeichnung des Übersetzers und Dolmetschers rechtlich nicht geschützt. Jeder, der zusätzlich zur deutschen eine weitere Sprache beherrschte, konnte sich in unserem Revier tummeln und den Kollegen mit Hochschulabschluss mit Dumpingpreisen Konkurrenz machen. Wir wollten nicht mehr und nicht weniger, als dass auch bei uns der Zugang zur Berufsausübung gesetzlich geregelt wird. Der damals zuständige Staatssekretär hatte für unser Anliegen ein offenes Ohr, war doch seine Ehefrau eine Berufskollegin, Dolmetscherin mit Hochschulabschluss für die französische Sprache. Wir waren unserem Ziel schon sehr nahe gekommen. Dann kam mit der Wende und den ersten freien Wahlen eine neue Regierung und ein Parlament. Regine Hildebrandt, die nach meinem Empfinden wohl populärste Politikerin der Nachkriegszeit, hatte für unsere Forderung volles Verständnis. Doch sie antwortete (siehe oben): »Auch in der Bundesrepublik sind Dolmetscher und Übersetzer ›vogelfrei‹. Bald gehören wir dazu. Wir wünschen uns die Einheit von janzem Herzen, aber etwas zu fordern, wat et in Westdeutschland nich jibt, hat keene Aussicht auf Erfolg.« So blieb bis heute leider alles beim Alten. Ein rechtlich anerkannter Berufsstatus bleibt selbst den erfahrensten und erfolgreichsten Berufskollegen verwehrt. Auch das Bemühen des Ostberliner Berufsverbandes um die Vereinigung mit den Westberlinern blieb ohne Erfolg. So kommt es, dass bis zum heutigen Tag in Berlin zwei getrennte Berufsorganisationen nebeneinander bestehen, die aber inzwischen mal mehr oder mal weniger gut zusammenarbeiten.

⅄ ⅄ ⅄

Nach rund 15 Jahren Simultandolmetschen bei den Jahreskonferenzen der im Berliner Wedding angesiedelten Versuchs- und Lehranstalt der Hefeindustrie in

Berlin, Hamburg, Dresden, Bonn und Wien wurde ich von den Hefeleuten an die Versuchs- und Lehranstalt für Brauerei empfohlen, die ja ebenfalls mit Hefe zu tun hatte. Die Tagungen wurden in Berlin, den niederländischen Städten Enschede und Eindhoven, Regensburg, Kulmbach sowie Bad Kreuznach veranstaltet. Als wir zu zweit unseren Dienst in Bad Kreuznach antraten, das war schon nach dem Mauerfall, überraschte uns im Foyer des Kurhotels eine drei Meter hohe schneeweiße Marmortafel mit goldener Inschrift in Deutsch und Türkisch. Hier war im Ersten Weltkrieg das kaiserliche Große Hauptquartier untergebracht. Der dort amtierende Verbindungsoffizier des mit dem kaiserlichen Deutschland verbündeten Osmanischen Reiches war kein Geringerer als Kemal Atatürk, der bis heute grenzenlos verehrte Gründer der Türkischen Republik. Das Besondere an diesen Erlebnissen waren nicht die beschaulichen Städte in den Niederlanden, die einmalig schöne Altstadt von Regensburg, das bayerische Kulmbach als Hochburg der Bierbrauerei und nicht einmal der legendäre Atatürk, sondern die Freizügigkeit, mit der wir nach der Wiedervereinigung reisen konnten, einstmals Monopol unserer Westkollegen.

⅄ ⅄ ⅄

Im Zweiten Deutschen Fernsehen lief in den frühen neunziger Jahren eine quotenträchtige Sendereihe mit dem Titel *Kreuzverhör*. Das ZDF gehörte zu den »neuen Herren«, die sehr bald auf mich zukamen. Eines Tages wurde ich ins Charlottenburger *Kempinski Bristol Hotel* gerufen. Der dort ins Kreuzverhör Genommene war kein Geringerer als der bekannte britische Historiker Alan Bullock. Es ging um sein neuestes Werk *Hitler-Stalin. Parallele Leben*. Bullock übte heftige Kritik. Er setzte zwischen beiden Figuren ein Gleichheitszeichen, nur mit dem Unterschied, dass Stalin für den Aufbau seines mörderischen Regimes einen längeren Zeitraum zur Verfügung hatte als der von ihm anfangs bewunderte Naziführer. Der heldenhafte, opferreiche Kampf der Sowjetarmee im Zweiten Weltkrieg war über jeden Zweifel erhaben. Weltpolitisch gesehen war er jedoch objektiv vergleichbar mit dem Krieg zwischen zwei Gangsterbanden. Dass am Schluss nur einer der beiden Gangsterbosse überlebte, war ein historischer Glücksfall, denn er brachte für Millionen Menschen die Befreiung. Ich saß auf dem Hof des Hotels im Ü-Wagen, die Kopfhörer auf den Ohren, den Monitor vor Augen, neben mir der Techniker mit dem Tonregler. Ich dolmetschte, was das Zeug hielt und lernte einen neuen Blickwinkel auf die Geschichte kennen. So bringt unsere berufliche Praxis nicht nur eine Bereicherung in der Arbeits- und auch Muttersprache, sondern auch ständig neue Erkenntnisse auf anderen Wissensgebieten.

⅄ ⅄ ⅄

An der Zehlendorfer Clayallee, mitten im teuersten Villenviertel von Berlin, schräg gegenüber dem Sitz des amerikanischen Stadtkommandanten, befindet sich das *Outpost Theater*, viele Jahre lang ein Kino für die in Berlin stationierten GIs und ihre Familien. Heute dokumentiert es als *Alliierten Museum* die Präsenz der Westalliierten in Berlin von 1945 bis 1994. Aus einer Sammlung von Zeitdokumenten ist ein international beachtetes Forschungszentrum zur Geschichte des Kalten Krieges geworden. Ein international besetzter Forschungsbeirat tritt jährlich zusammen und wird von je zwei Französisch- und Englischdolmetschern sprachlich betreut. Die amerikanischen und englischen Mitglieder des Forschungsbeirates sind immer meine »Kunden« und stets überaus diskussionsfreudig. Alljährlich im September parke ich meinen Wagen neben der auf dem Gelände des Museums ausgestellten zweimotorigen Hastings TG 503, einem der sagenumwobenen »Rosinenbomber« aus der Zeit der sowjetischen Blockade 1948–1949.

⅄ ⅄ ⅄

Längst war die Treuhandanstalt aus der Endzeit der DDR zu einer Institution mutiert, die sich die Privatisierung der ostdeutschen Wirtschaft auf die Fahnen geschrieben hatte. So mancher der aus aller Herren Länder angelockten Investoren, für die ich in dem Riesenkomplex des ehemals Göringschen Reichsluftfahrtministeriums an der Leipziger Straße zu dolmetschen hatte, erwies sich als Glücksritter. Leider hatten sie auch in der Behörde immer wieder nützliche Kontaktleute. Diesen Leuten ging es nicht um Investitionen zur Weiterführung der Betriebe und Erhaltung der Arbeitsplätze, sondern einfach nur um die Ausschlachtung der Produktionsstätten und Plünderung der noch vorhandenen materiellen und finanziellen Vermögenswerte. Die Beschäftigten wurden in Richtung Arbeitsamt abgewickelt. Auch diese Art zu dolmetschen war spannend, aber oft alles andere als erbaulich.

Der kanadische Bombardier-Konzern war dagegen ein echter Investor. Er hatte die gesamte Schienenfahrzeugbranche der DDR aufgekauft, mit Werken in Berlin, Görlitz, Bautzen, Ammendorf bei Halle, Niesky in der Lausitz, Vetschau im Spreewald und später noch Hennigsdorf, und die Produktion auf volle Touren gebracht. Der international zusammengesetzte und somit auch von einer Kollegin und mir zu bedolmetschende Aufsichtsrat von Bombardier Transportation tagte mehrmals im Jahr unter der Leitung von Otto Wolff von Amerongen (1918–2007). Dieser war lange Jahre Präsident des Deutschen Industrie- und Handelstages, Leiter des Ost-Ausschusses der Deutschen Wirtschaft und wurde von Gorbatschow als Pionier des Osthandels gepriesen. Er war ein Urgestein der deutschen Unternehmerschaft.

Vielversprechende Erfolge und Errungenschaften des Unternehmens hatten jedoch auch ihre Schattenseiten. Nie werde ich den Tag vergessen, da im Aufsichtsrat die Schließung des Zweigwerkes in Vetschau beschlossen wurde. Bombardier war dort der größte Arbeitgeber. Der Platz vor dem Direktionsgebäude in Grünau war plötzlich von ohrenbetäubendem Lärm erfüllt. Eine Reihe von Bussen war vorgefahren, und vor dem erschrockenen Wachpersonal demonstrierten die Arbeiter und Angestellten aus Vetschau. Zum ersten Mal erlebte ich in der Realität eine solche Konfrontation als Teil der sogenannten Sozialpartnerschaft. Im Aufsichtsrat saßen auch zwei Vertreter der Arbeitnehmer. Sie wurden lautstark herausgerufen, um Rede und Antwort zu stehen. In Erinnerung ist mir eine Passage ihrer Ansprache an die erregte Menge: »Den Kapitalismus, liebe Kollegen, können wir leider nicht außer Kraft setzen. Aber wir werden im Aufsichtsrat dafür kämpfen, dass die Schließung des angeblich nicht mehr profitablen Werkes in einer sozialverträglichen Weise vorgenommen wird.«

⅄ ⅄ ⅄

Auch die neuen Auftraggeber führten mich an Ziele fern der Heimat. Ich wollte schon immer mal an die französische Riviera. Eines Tages ging dieser Wunsch in Erfüllung. Ich erhielt den Auftrag, nach Cannes zu fliegen, jedoch nicht zum Filmfestival, sondern zur Internationalen Immobilienmesse (MIPIM). Dort wurden von der Berliner Liegenschaftsbehörde attraktive Immobilien präsentiert und zum Kauf angeboten. Vom zauberhaften Flair der Welt des internationalen

Auf dem Weg zur Jahrestagung der Internationalen Gas-Union im norditalienischen Camogli San Fruttuso

Films erhielt ich nur einen im wahrsten Sinne des Wortes oberflächlichen Eindruck, als ich vor dem Festivalpalast stand. Wohl aber haderte ich mit der bis dato ungewohnten Terminologie des harten Immobiliengeschäfts. Auch die Immobilienhaie gehörten zu meinen neuen Herren.

Neben der französischen war auch die italienische Riviera eines meiner Traumziele. Nicht als Tourist, aber als Dolmetscher sollte er in Erfüllung gehen, als ich meinen langjährigen Freund Helmut Schubert dolmetschend begleiten durfte. Als Forschungsdirektor der VVB Energieversorgung war er für die Gasversorgung der DDR verantwortlich und galt in Fachkreisen als der »Gaskönig« des Landes. Er war ein geschätzter Experte in der Internationalen Gas-Union.

⅄ ⅄ ⅄

Uralte Erinnerungen an meine ersten Schritte als Übersetzer von Texten aus der Bautechnik und Architektur in den fünfziger und sechziger Jahren des 20. Jahrhunderts kamen wieder hoch, als ich in den neunziger Jahren von der amerikanischen Botschaft unter Vertrag genommen wurde, um Übersetzungen für den Wiederaufbau der USA-Botschaft in Berlin auszuführen. Seit 1939 war der Gebäudekomplex, das ehemalige Palais Blücher zwischen dem Brandenburger Tor, dem Wohnhaus des Malers und Kunstakademiepräsidenten Max Liebermann und dem *Adlon* am Pariser Platz, Botschaft der Vereinigten Staaten. Die meisten Botschaftsgrundstücke gehörten der Stadt Berlin und waren von den jeweiligen Staaten lediglich gepachtet. Bei den Amerikanern war das anders. Deren Botschaftsgrundstück war Eigentum des State Department.

Bei Ausbruch des Zweiten Weltkrieges am 1. September 1939 waren die USA noch neutral. Sie traten erst Ende 1941 in den Krieg gegen Nazideutschland ein. Zum vorbeugenden Schutz gegen die Luftangriffe der Royal Air Force hatten sie das Dach ihrer Botschaft mit riesigen Lettern in weißer Farbe als »US Embassy« markiert. Die Zielgenauigkeit bei Bombenabwürfen war zu Kriegsbeginn jedoch noch nicht sehr hoch entwickelt. So krachte eine der ersten auf den Pariser Platz abgeworfenen britischen Bomben auf das Dach des Gebäudes der noch neutralen Botschaft und machte diese dort zur prominentesten Ruine. Der Wiederaufbau an historischer Stätte brachte einige Probleme mit sich. Die Ruine war 1957 von der DDR-Regierung abgerissen worden. Das Botschaftsgelände lag in Ostberlin, jedoch exakt an der Grenze zum Westen. Washington bestand zunächst auf einem Bau nach den alten Plänen. Das hätte jedoch bedeutet, zwei Eingänge beizubehalten, einen im Osten und den anderen im Westen. Damit wäre den ausreisewilligen DDR-Bürgern ein bequemer Korridor nach Westberlin geschaffen worden. Die Reaktion der DDR-Behörden bedarf keiner besonderen Vorstellungskraft. Als sechs Jahre nach dem Mauerfall endlich die Bauarbeiten beginnen konnten, gab es zwischen Washington und Berlin unterschiedliche Auffassungen zu einer Sicherheitszone und zum Denkmalschutz. In dem geschichtsträchtigen Gebiet darf nämlich kein Gebäude höher sein als das Brandenburger Tor. Massenweise Dokumente, Pläne und Skizzen wurden zwischen der Bauabteilung des State Department und der Berliner Baubehörde ausgetauscht. Ich war viele Monate mit dem Übersetzen beschäftigt. Schließlich kam es zur Einigung und im Mai 2008 zur feierlichen Eröffnung der alten, neuen amerikanischen Botschaft in Berlin.

Das schräg gegenüber liegende Wohnhaus von Max Liebermann (heute Berliner Sitz der Commerzbank) wurde durch eine Episode vom 30. Januar 1933 berühmt. Als am Abend nach der Ernennung Hitlers zum Reichskanzler die SA einen Fackelzug durch das Brandenburger Tor veranstaltete, soll Liebermann auf seinem Balkon gestanden und in seiner unverwechselbaren Art als jüdischer Urberliner kommentiert haben: »Ick kann jar nich soville fressen, wie ick kotzen möchte.«

⅄ ⅄ ⅄

Irgendwann Mitte 1993 erhielt ich einen Anruf von der Leiterin des Berliner ZDF-Studios mit der Ankündigung, dass am nächsten Morgen gegen sechs Uhr ein Taxi vor meiner Haustür warten würde, um mich zum Simultandolmetschen für eine wichtige Sendung abzuholen. Die Fahrt ging quer durch Berlin zur Tempelhofer Oberlandstraße, denn das ZDF sollte erst Jahre später in das neue Studio Unter den Linden umziehen. Die Hauptperson der für das deutsche Publikum des Morgenmagazins zu dolmetschenden Sendung war kein Geringerer als der Träger des Friedensnobelpreises Richard Holbrooke, seines Zeichens Botschafter der USA in Deutschland. Ich saß, wie so oft, in der Dolmetscherkabine des Studios, vor mir den Monitor über den ich das Geschehen auf der Bühne verfolgen konnte, und wartete auf die rote Lampe, mein Einsatzsignal. Der bekannte TV-Moderator Cherno Jobatey, mit seinen Markenzeichen, Turnschuhe zum Anzug, wollte gerade mit der ersten Frage beginnen, als der Techniker aufgeregt die Kabinentür aufriss, mich von meinem Sitz zog und mir ins Ohr zischte: »Die Technik spielt verrückt. Sie müssen auf die Bühne vor die Kamera und konsekutiv dolmetschen.« Mister Holbrooke runzelte die Stirn und flüsterte ein undiplomatisches »Bullshit«. Seine Mitarbeiter hinter den Kulissen fuchtelten genervt mit den Händen. Die Kameras wurden eingeschaltet und das Programm lief wie am Schnürchen. Am Ende bedankte sich Holbrooke, schüttelte mir die Hand und meinte: »Mit einer solchen Nervenstärke könnten Sie auch bei CNN anfangen.«

⅄ ⅄ ⅄

Nervenstärke und ein kühler Kopf und vor allem ein überdurchschnittliches Speichervermögen waren auch in der schönen Fachwerkstadt Celle gefragt. Über mehrere Jahre hinweg setzte ich mich jeden Mittwochabend in mein Auto und begab mich auf die Reise über die damals noch sehr sanierungsbedürftige A2 in die niedersächsische Kleinstadt. Jeden Donnerstag und Freitag tagte das Oberlandesgericht Celle in einem Mammutprozess. Auf der Anklagebank saßen drei Aktivisten der *Irish Republican Army (IRA)*, denen Sprengstoffanschläge auf britische Militäreinrichtungen in Deutschland vorgeworfen wurden. Wir waren zwei Dolmetscher, hatten unsere Plätze im Zeugenstand unmittelbar neben den Angeklagten und mussten für diese nicht simultan, sondern, viel schwieriger, konsekutiv, laut für alle hörbar den ganzen Prozessablauf Wort für Wort übersetzen. Am schlimmsten waren die Momente oder besser Stunden, da der Bundesanwalt in bestem Juristendeutsch ellenlange Passagen aus dem Strafgesetzbuch verlas und nicht unterbrochen werden wollte. Auch die Einlassungen der deutschen Anwälte waren für uns Nichtjuristen sprachlich kaum durchschaubar. In der Pause plauderte einer der englischen Anwälte aus dem Nähkästchen, als er uns tröstend aufklärte: »Bei uns in Großbritannien läuft das etwas anders. Wir sind grundsätzlich bemüht, uns so auszudrücken, dass auch Außenseiter verstehen, was gemeint ist. Im deutschen Rechtswesen ist es genau umgekehrt. Der deutsche Juristenjargon ist so ausgelegt, dass ihn nur Juristen verstehen und den Rechtsgelehrten ja kein Laie in die Karten gucken kann.«

Außerdem war Nervenstärke vonnöten, weil das Gerichtsgebäude von Einheiten des Bundesgrenzschutzes bewacht werden musste. Aus dem nahen Hannover waren massenweise Demonstranten angereist, die mit Sprechchören ihre Sympathie mit den Angeklagten bekundeten. Das alles musste auch sprachlich bewältigt werden. Es kam dann endlich doch zu einer klaren Urteilsfindung. Die Angeklagten wurden zu mehrjährigen Freiheitsstrafen verurteilt. Da sie jedoch inzwischen mehrere Jahre in Frankreich und Deutschland in Untersuchungshaft gesessen hatten, wurde der Rest der Strafe ausgesetzt. Sie wurden einige Tage nach der Urteilsverkündung in die Republik Irland abgeschoben.

⅄ ⅄ ⅄

Von 1989 bis zum Jahr 2000 existierte der Luft- und Raumfahrtkonzern DASA mit Hauptsitz in München. Im bayerischen Manching bei Ingolstadt unterhielt er ein Testzentrum mit mehreren Hangars sowie Start- und Landepisten. Dort waren auch mehrere MIG-29 stationiert, Ende der neunziger Jahre das modernste Jagdflugzeug des Ostblocks, nach der Wiedervereinigung von den abgewickelten Luftstreitkräften der DDR an die Bundesluftwaffe übergeben. Im Tagungszentrum des Objekts kamen des öfteren internationale Experten zusammen. Dort standen unsere Simultankabinen. In der Mittagspause überraschte mich ein Beamter des Bundesverteidigungsministeriums mit einer kritischen Bemerkung über Rainer Eppelmann, den evangelischen Pfarrer der Samaritergemeinde in Berlin-Friedrichshain. Eppelmann war in der DDR der Initiator der von der Stasi argwöhnisch beobachteten Blues-Messen und im Oktober 1989 Gründer der oppositionellen politischen Gruppierung *Demokratischer Aufbruch*. Gemeinsam mit Robert Havemann hatte er bereits 1982 öffentlich zur Abrüstung in Ost und West aufgerufen. In der Regierung de Maizière war er Minister für Verteidigung und Abrüstung. Warum also die Kritik an einem Vorkämpfer der friedlichen Revolution in der DDR?

»Er ist durchaus ein zu respektierender Ehrenmann«, räumte mein Gesprächspartner ein, »hatte aber sofort nach seinem Amtsantritt Mitte 1990 eine mit der Sowjetregierung bereits ausgehandelte Lieferung von 145 MIG-29 storniert. Wäre die Lieferung zustande gekommen, so hätten wir diese Maschinen gern von der abgewickelten NVA übernommen.« Inzwischen wage ich als dolmetschender militärischer Laie angesichts der außenpolitischen Großwetterlage nach dem Ende des Kalten Krieges und der allgemeinen Sparzwänge den langfristigen Nutzen eines solchen Geschäfts zu bezweifeln.

⅄ ⅄ ⅄

Nicht zu bezweifeln waren dagegen die angenehmen Seiten meines Berufes. So reiste ich einmal nach Halle in Westfalen. Mein Quartier im *Sportpark-Hotel* lag gleich neben dem vom Modekonzern *Gerry Weber* gestifteten *Gerry-Weber-Stadion*, dem inzwischen weltbekannten Schauplatz von Konzerten, Sportwettkämpfen und anderen Großveranstaltungen. *Gerry Weber* ist in Halle der zweitgrößte Arbeitgeber und allenthalben am Ort präsent. Mein Weg führte mich jedoch zur *August Storck KG*, der Nummer Eins. Die Produktionsstätten des weltweit agierenden Süßwarenkonzerns liegen in einem mit dem Deutschen Umweltpreis ausgezeichneten Naturpark von Riesenausmaßen, in dem man sich fühlt wie in einem Luftkurort. Hier werden von mehr als zweitausend Beschäftigten *Toffifee, Merci, Werthers Echte, Nimm 2* und viele andere Leckereien hergestellt. So international wie das Produktprofil war auch die Firmenleitung. Deshalb musste bei Sitzungen oft gedolmetscht werden. Mein Einsatz war nicht nur wegen des Ambientes angenehm. Ich wurde neben dem Honorar zusätzlich mit Naturalien entlohnt. Ich fuhr mit einem Riesenbeutel einer köstlichen Auswahl der genannten Produkte nach Hause.

⅄ ⅄ ⅄

Der 8. Mai 1984 war der Geburtstag des Stromversorgers für Berlin, der unter dem Namen BEWAG in die Geschichte der Stadt eingegangen ist. In den neunziger Jahren wurde auch dieses Unternehmen von der allgemeinen Privatisierungswelle erfasst und international zum Kauf ausgeschrieben. Wochenlang begleitete ich die Abgesandten des in Atlanta, Georgia, ansässigen Kaufinteressenten *Southern Energy* durch die Kommandozentralen der BEWAG in den Bezirken Tiergarten und Treptow sowie in die zwölf Berliner Kraftwerke und in die Archive der Berliner Bank. Berge von Akten wurden gewälzt und endlose Gespräche geführt, weil sich die Amerikaner umfassend über das Kaufobjekt informieren und nicht die Katze im Sack kaufen wollten. Am Ende machte dann aber doch ein europäischer Mitbewerber das Rennen und ist heute Herr über die Stromversorgung der deutschen Hauptstadt, der schwedische Konzern Vattenfall.

⅄ ⅄ ⅄

Von einem namhaften Unternehmen der Pharmaindustrie unter Vertrag genommen, reisten ein Kollege und ich im Juni 1997 nach Rapallo, wo im *Hotel Bristol* eine dreitägige Konferenz über Herzkreislauferkrankungen stattfand. Wir arbeiteten fleißig in der Kabine. Das Besondere an diesem Dolmetscheinsatz war für mich der Hauch der Geschichte, der von diesem Tagungsort ausging. Im *Hotel Imperiale* des benachbarten Badeortes Santa Margherita Ligure war am 16. April 1922 in Anwesenheit des deutschen Reichskanzlers Wirth von Außenminister Walther Rathenau und seinem russischen Amtskollegen Georgi Tschitscherin der Vertrag von Rapallo unterzeichnet worden. Dieser Vertrag trug wesentlich zur Normalisierung der diplomatischen und wirtschaftlichen Beziehungen zwischen dem Deutschen Reich und der Russischen Sozialistischen Föderativen Sowjetrepublik bei, der späteren Sowjetunion. Er half beiden Staaten, die internationale Isolierung zu überwinden, in die sie durch den Vertrag von Versailles und die russische Oktoberrevolution geraten waren.

⅄ ⅄ ⅄

Bei einem der bereits beschriebenen Symposien über die Erkrankungen der Zoo- und Wildtiere passierte etwas, das im Polizeijargon als »besonderes Vorkommnis« bezeichnet wird. Es hatte nicht zuletzt etwas mit der zu DDR-Zeiten steinzeitlichen Verfahrensweise bei der Abwicklung von Finanzgeschäften zu tun. Internationale Geldüberweisungen waren mit lästigen bürokratischen Prozeduren belastet. Kreditkarten waren in Osteuropa, also auch in der DDR, unbekannt. Schecks über harte Devisenbeträge aus dem Westen wurden mit Misstrauen beargwöhnt und durften von Normalbürgern in der Regel nicht angenommen werden. Also galt die Devise »Nur Bares ist Wahres«. Folglich kassierte ich nach jedem Einsatz für das gesamte Dolmetscherteam in der Regel bis zu 15000 Mark für Honorare und alle anfallenden Spesen. Mit diesem Haufen Geld unter dem Kopfkissen des Schlafwagenabteils fuhr ich quer durch Europa, immer auf der Hut vor Räubern, denn die kostbaren Devisen mussten ja zu Hause beim SED-Betrieb Intertext für die Staatskasse abgeliefert oder zum offiziellen, unattraktiven Kurs gegen DDR-Mark umgetauscht werden.

Im schönen Mulhouse im Elsass endete die Konferenz mit einem ausgedehnten Rundgang durch den gastgebenden französischen Zoo. Mitten im Spaziergang wurde ich vom Monsieur le Directeur zur Seite gerufen und diskret in einen Pavillon geleitet. Dort packte er einen Riesenhaufen von Geldscheinen auf den Tisch, mit den Worten: »Wenn es noch mal gestohlen wird, dann bitte nicht von mir.« Was war geschehen? Der Buchhalter des Zoos war am Vormittag zur Bank gegangen, um das für uns bestimmte Bargeld abzuholen. Er hatte es sofort sauber und sicher in seinem in leuchtendem Blau gehaltenen Aktenkoffer verschlossen. Auf dem Weg zu seinem Wagen wurde er von einem gut gekleideten Herrn angesprochen und auf einen hässlichen Schmutzfleck auf seinem Paletot aufmerksam gemacht. Der Buchhalter stellte für einen Augenblick den Aktenkoffer ab und zog den Mantel aus, um nachzusehen. Nichts war zu sehen. Der freundliche Herr war nicht etwa verschwunden, sondern meinte lächelnd: »Oh, Pardon, da habe ich mich wohl geirrt«, und verschwand um die nächste Ecke. Kopfschüttelnd nahm der Buchhalter seinen blauen Aktenkoffer auf und brachte ihn in sein Büro. Als er ihn öffnete, um die Scheine vorerst im Tresor aufzubewahren, wurde er blass. Der blaue Aktenkoffer war nicht sein eigener, sondern eine Kopie dessen, vollgestopft mit zerknittertem Zeitungspapier. Dem erzwungenen erneuten Gang zur Bank folgte dann umgehend die diskrete Geldübergabe an mich im Pavillon. Ich konnte nur bedauernd mit den Achseln zucken, war aber von Stund an noch wachsamer als zuvor.

⅄ ⅄ ⅄

Seit 1995 wird im Berliner Friedrichstadtpalast alljährlich an verdiente Persönlichkeiten aus den Bereichen

Politik, Kultur, Sport und Massenmedien die gemeinsam von der Zeitschrift Superillu und dem MDR gestiftete *Goldene Henne* verliehen. Das 3,5 Kilogramm schwere und 22 Zentimeter große vergoldete Huhn aus Bronze wurde von dem Berliner Künstler Christian Bonnet geschaffen und erinnert an die 1991 verstorbene Sängerin und Entertainerin Helga Hahnemann mit dem Spitznamen »Henne«. Am 19. September 2001 hatte ich mich pünktlich um 19 Uhr zusammen mit einem Russisch-Kollegen am Bühneneingang des Friedrichstadtpalastes einzufinden, weil in diesem Jahr nicht nur deutsche Preisträger geehrt wurden, sondern unter anderem Michail Gorbatschow für seine Verdienste um die Deutsche Einheit. Außerdem sollte der New Yorker Feuerwehrmann Brian Bittrolff einen Publikumspreis erhalten, stellvertretend für den aufopfernden Einsatz seiner Kollegen beim Terroranschlag auf das World Trade Center am 11. September. Die Dankesreden der beiden ausländischen Preisträger wurden aus unserer provisorisch an der Saaldecke aufgehängten Kabine über Lautsprecher für den vollbesetzten großen Saal mit fast 2000 Besuchern simultan gedolmetscht. Das grausige Geschehen der vergangenen Woche saß auch uns beiden Dolmetschern noch so stark in den Knochen, dass wir Mühe hatten, Brians Schilderung mit einigermaßen ruhiger Stimme zu übersetzen.

⅄ ⅄ ⅄

»Raten Sie mal, wie viele Hunderte von Millionen Euro heute hier im Saal anwesend sind?«, fragte mich an einem strahlenden Junitag ein Finanzexperte. Die als Scherz gemeinte Frage konnte ich aus mindestens zwei Gründen nicht beantworten: Ich erkannte weit weg von unserer Dolmetscherkabine ganz vorn an der Bühne Josef Ackermann, Vorstandsvorsitzender

der Deutschen Bank, umringt von den Spitzen des europäischen und amerikanischen Bankenwesens und den Chefs der größten Industrie- und Handelskonzerne. Da konnte man wirklich nichts weiter tun als in astronomischen Zahlen zu raten. Außerdem hatten wir anderes zu tun. Seit dem Jahre 2002 dolmetschten wir auf den Jahreskonferenzen der Regierungskommission zum Deutschen Corporate-Governance-Kodex. Hier war wieder eine ganz andere Terminologie gefragt als bei vielen Konferenzen der vergangenen Jahre. Der Schauplatz unseres Wirkens war von Anfang an der prunkvolle Schlosssaal im *Kempinski Hotel Bristol* am Berliner Kurfürstendamm. An der Stirnseite ein Monumentalgemälde vom Schloss Charlottenburg, hinten bei unserer Kabine die umfangreiche Ton- und Fernsehtechnik, über die sämtliche Vorträge und Diskussionen live ins Internet gestellt wurden. Schließlich geht es vordergründig auch gar nicht um die gut betuchten Einzelpersonen auf und vor der Bühne, sondern um die bestmögliche Unternehmensführung, die optimale Wirtschaftsleistung zum Wohl der Unternehmen, gepaart mit der sozialen Verantwortung für das Allgemeinwohl. Nichts wird dabei ausgeklammert, auch nicht die brisanten Themen der viel diskutierten und kritisierten Bonuszahlungen, die Förderung der Frauen, nach wie vor erschreckend unterrepräsentiert in den Chefetagen, die horrende Verschuldung einiger Staaten diesseits und jenseits des großen Teiches und vieles andere mehr. Unwillkürlich kam mir zu Beginn unseres Engagements die Erinnerung an die Demonstration der Arbeiter des Bombardier-Werkes Vetschau und an den verzweifelten Ausruf des Gewerkschaftsvertreters in den Sinn. Abschwung, selbst Krisen werden sich nie völlig vermeiden lassen. Wann hat man jedoch in der Geschichte der Neuzeit, abgesehen von einzelnen philanthropisch engagierten Milliardären, wie Carnegie oder Rockefeller, jemals erlebt, dass Regierungen »ihre« Kapitalisten systematisch drängen, über den Tellerrand der eigenen Firma hinaus zu schauen und sich mit gesamtgesellschaftlichen Themen zu befassen, als da sind Staatsverschuldung, Währungsstabilität, Bekämpfung der Arbeitslosigkeit und Inflation? Das Wirtschaftssystem muss selbst unter den schwierigsten Bedingungen funktionsfähig bleiben, und zwar im besten Sinne von Ludwig Erhards sozialer Marktwirtschaft. Karl Marx hatte in genialer Weise die kapitalistische Ordnung analysiert und kritisiert. Lenin wollte sie durch Revolution gewaltsam abschaffen. Das hat nicht funktioniert. Corporate Governance, gute Unternehmensführung, wird als eine Lösung der gesamtgesellschaftlichen Probleme angestrebt. Für uns Dolmetscher in der Tat immer wieder neue Herren.

Wir Konferenzdolmetscher waren am Morgen des 11. Juli 2002 überwältigt, als wir beide von der BAB 13 abbogen und Kurs auf das Gelände des ehemaligen Militärflugplatzes im brandenburgischen Brand nahmen. Vor uns ragte die größte stützfreie Halle der Welt in den Himmel, sie sollte einmal als Werft für den Bau des Cargo Lifters dienen. Mit ihren Länge-Breite-Höhe-Abmessungen von 360 Meter mal 210 Meter mal 107 Meter hätte in ihr der Eiffelturm liegend Platz gehabt. Hier sollte das weltweit größte Transportluftschiff mit einer konzipierten Traglast von bis zu 160 Tonnen gebaut werden. (Der größte Hubschrauber schafft ganze zwanzig Tonnen.) Das gigantische Projekt war vom Land Brandenburg mit 38 Millionen Euro an Steuergeldern subventioniert worden. Sollte diese Riesensumme in den märkischen Sand gesetzt werden? Dies zu vermeiden, war das Thema der Konferenz, auf der die von uns zu dolmetschenden technischen Vorzüge des Cargo Lifters präsentiert und diskutiert wurden. Wie ein böses Omen war am Vortag der im Freigelände verankerte Prototyp des Luftschiffes einem Unwetter zum Opfer gefallen. Die komplizierte technische Terminologie war für uns eine echte Herausforderung. Wir gaben uns die größte Mühe. Doch keiner der Experten konnte die Insolvenz und den Untergang des Projekts verhindern. Unsere Dolmetschleistung wurde allenthalben anerkannt. Ein schwacher Trost.

⅄ ⅄ ⅄

Baron Peter Alexander Ustinov (1921–2004) war im 20. Jahrhundert ein international gefeierter Schauspieler, Schriftsteller und Dramaturg. Das war aber nicht alles. Mit seiner Ustinov-Stiftung zur Unterstützung aller Bedürftigen, besonders der oftmals hilflosen Kinder, hat er weltweit viel Gutes geleistet. Auch die UNICEF zollte ihm Dank und Respekt. Auf einer von Sabine Christiansen moderierten UNICEF-Konferenz in der Kongresshalle im Westberliner Tiergarten hatte ich die etwas ungewöhnliche Aufgabe, seine in fließendem Deutsch gehaltenen Beiträge in seine englische Muttersprache zurück zu übersetzen.

⅄ ⅄ ⅄

Zu den »Mächtigen dieser Welt« gehörte Otto von Habsburg-Lothringen, ältester Sohn des letzten österreichischen Kaisers, Kronprinz und Erzherzog der 1918 erloschenen K.u.K.-Monarchie. Am 4. Juli 2011 starb er im Alter von 98 Jahren. Zwölf Tage später wurde er nach kaiserlicher Tradition, von Salutschüssen begleitet, in der Wiener Kapuzinergruft beigesetzt. Er war der Prototyp eines Pan-Europäers und besaß die Staatsbürgerschaften von Österreich, Deutschland, Ungarn und Kroatien. Erst nach seinem vertraglich geregelten Verzicht auf sämtliche Herrschaftsansprüche durfte er 1966 nach 48-jährigem Exil und jahrelangem Mandat als CSU-Abgeordneter im Europa-Parlament wieder nach Österreich einreisen. Als Mitinitiator und Schirmherr des »Paneuropäischen Picknicks« trug er am 19. August 1989 an der österreichisch-ungarischen Grenze zum Fall des »Eisernen Vorhangs« bei. Wenige Monate später wurde er als Hauptredner einer internationalen CDU-Veranstaltung am Osterberliner Gendarmenmarkt begrüßt. Seine Rede zur angestrebten Integration der noch existierenden DDR in ein vereintes Europa und die anschließende Diskussion mit dem für ihn ungewohnten »Ostpublikum« durfte ich simultan dolmetschen.

Ausklang

Mein ganzes Berufsleben beruht auf den beiden Standbeinen Wissenschaft und Politik. Dies hat sich über die Jahrzehnte hinweg als vorteilhaft erwiesen. Es ist nicht zuletzt das Ergebnis eines lebenslangen Lernprozesses, unbedingte Voraussetzung des Berufs, denn die Sprache entwickelt und bereichert sich unaufhörlich, wie das echte Leben. Jeder Tag beginnt bereits am frühen Morgen im Bad mit den Frühsendungen der BBC. Jeden Tag lerne ich mindestens ein neues Wort oder eine neue Redewendung. Das macht 365 neue Erkenntnisse im Jahr. So ist es leichter, sich an das Neue anzupassen und sich immer wieder auf neue Themen einzustellen.

Aber ich hatte noch zwei weitere Vorteile. Ich war stets Freiberufler, einer der ganz wenigen Dolmetscher, die auf hoher und höchster Ebene dolmetschen durften, ohne jemals bei einer staatlichen Institution oder einer regierenden Partei fest angestellt zu sein. Ich wechselte oft von einem Tag auf den anderen aus der Sondermaschine der Regierungsstaffel und den luxuriösesten Gästehäusern in meinen Kiez im Prenzlauer Berg und musste mich genauso nach frischen Brötchen anstellen, wie meine Nachbarn. Das half mir, im Alltagsleben Bodenhaftung zu bewahren. Die Regierungsstaffel der DDR (heute Flugbereitschaft der Bundeswehr) unterstand damals dem Ministerium für Staatssicherheit und hatte ihren Stützpunkt in dem idyllischen Brandenburger Dörfchen Marxwalde, heute wieder, wie früher, Neuhardenberg mit dem prachtvoll als Hotel und zuweilen auch Gästehaus der Bundesregierung restaurierten Herrensitz des Staatskanzlers Karl August Fürst von Hardenberg, zu Beginn des 19. Jahrhunderts ein Geschenk des Preußenkönigs Friedrich Wilhelm III.

Der zweite Vorteil: Als meine langjährigen politischen Auftraggeber beinahe über Nacht von der Bühne der Weltpolitik abtraten, kamen nicht nur neue dazu, sondern mir blieben meine engen Bindungen an eine Vielzahl von wissenschaftlichen und technischen Institutionen, Organisationen und Persönlichkeiten, die Fraunhofer-Gesellschaft, die Kammer der Technik, weltweit berühmte Gerichtsmediziner, wie die Professoren Prokop und Geserick und viele andere. Auf diese Weise war ich nach der Wende 1989/1990 im Unterschied zu vielen meiner ostdeutschen Landsleute nicht einen Tag ohne Arbeit und konnte mit vollen Händen Aufträge an meine weniger erfolgreichen Kollegen in Ost und West weitergeben.

Unser Beruf hat viele Licht- aber auch einige Schattenseiten. Beides, Licht und Schatten, macht unsere Arbeit so aufregend und attraktiv. Immer wieder werde ich von Berufskollegen und »Außenseitern« gefragt: Soll man sich aufs Dolmetschen beschränken oder aufs schriftliche Übersetzen? Oder: Welche Sprachen sollte man lernen? Oder: Welches von Ihren vielen Einsatzländern war das schönste?

Sich auf Dolmetschen oder Übersetzen zu beschränken, scheint mir vergleichbar mit einem Pianisten, der nur die weißen oder die schwarzen Tasten anschlagen wollte. Ich habe es stets so gehalten, immer zu dolmetschen, um an der lebendigen Sprache zu bleiben, und immer wieder schriftlich zu übersetzen, um mich ständig im Formulieren zu verbessern. Zwischen meinen zahllosen Einsätzen habe ich intensiv übersetzt, und zwar neben vielen kürzeren Texten insgesamt zwölf Bücher, die meisten vom Deutschen ins Englische. Es waren durchweg wissenschaftlich-technische Publikationen und Sachbücher. Die Zusammenarbeit mit den Lektoren der britischen, amerikanischen und niederländischen Verlage war für meine eigene ständige Weiterbildung wie ein warmer Regen. Dabei will ich nicht verhehlen, dass die Erwähnung des Übersetzernamens auf der ersten Umschlagseite des Buches ein schmeichelhafter Beleg der erbrachten Leistung war. An Belletristik habe ich mich nur in zwei Fällen und nur in meine deutsche Muttersprache herangewagt.

Nicht oft genug kann besonders bei jungen Menschen vor Illusionen gewarnt und darauf hingewiesen werden, dass unser Beruf in besonderem Maße ein lebenslanger Lernprozess ist. Hilfreich sind dabei die Berufsorganisationen, die sich die Vertretung der Interessen unserer Berufskollegen und besonders die Weiterbildung auf die Fahnen geschrieben haben. Warum aber Schattenseiten? Der Beruf des Dolmetschers wird mit einer gewissen Berechtigung als familienfeindlich eingestuft. Man ist ständig unterwegs. Ehegatten und

Kinder kommen zu kurz und »profitieren« allenfalls von bunt schillernden Reiseberichten und Mitbringseln, oder sie leiden unter den nervlichen und seelischen Belastungen, die der Beruf mit sich bringt. Einige Aufträge führten mich in Krisengebiete in den Irak und nach Ghana, besonders aber nach Äthiopien. Dort tobte ein heißer Krieg. Ich lernte, mich rechtzeitig in Deckung zu werfen, wenn in unmittelbarer Nähe geschossen wurde, und im Laufe der Zeit zu erkennen, aus welcher Richtung die Kugeln pfiffen und wohin sie zielten. Eines Nachts nach meiner Rückkehr in das heimatliche Berlin rollte ich mich blitzschnell aus dem Bett, streckte mich lang auf dem Bettvorleger und zog den Kopf ein, weil es draußen geknallt hatte. Es war jedoch nur die Fehlzündung eines vorbeifahrenden Autos.

Die Frage nach den Sprachen, die man fürs Dolmetschen lernen sollte, lässt sich einfach beantworten. Ausschlaggebend ist nicht die Anzahl der jeweiligen Muttersprachler. Wenn es so wäre, müsste man vor allen Chinesisch, Hindi, Bengali und Urdu studieren. Viele Sprachen sind mir ein Ohrenschmaus, darunter das vokalreiche Ungarisch und Finnisch. Entscheidend ist jedoch der praktische Nutzeffekt. Der wird bei Chinesisch größer werden. Bei den anderen genannten Sprachen bleibt man auf lediglich ein Land beschränkt. Also bleiben wir auf absehbare Zeit bei den sogenannten »Weltsprachen«, wobei eine Kombination von zwei Sprachen, etwa Englisch und Russisch, sehr wünschenswert ist.

Das schönste Land für mich ist nicht zwangsläufig das mit den schönsten Landschaften und berühmtesten Baudenkmälern, sondern das, in dem ich gute Freunde und besonders nachhaltige Erlebnisse habe. Das und vieles andere mehr macht den Dolmetscherberuf für mich zur Herzenssache.

Danksagung

Ich danke dem Leipziger Militzke Verlag, der mir in beispielhafter Weise geduldig, ausdauernd und freundschaftlich zur Seite gestanden und das Manuskript zur Druckreife gebracht hat

Wolfgang Ghantus

geb. 1930, hat in Leipzig und Halle Journalistik studiert. Seit 1949 arbeitet er als Dolmetscher und Übersetzer, zunächst nebenberuflich, seit 1960 hauptberuflich, seit 1953 auch als Simultandolmetscher. Er war auf vier Kontinenten im Einsatz.